KB212565

장로가 쓴 주제별 · 절기별 대표기도문

응답 받고 은혜 받는

주일예배
대표 기도문

김광서 지음

좋은 책으로 하나님의 사람을 만들어 가는 **엘 맨**

오늘도
하나님의 은혜가
풍성하시기를 기도합니다

기도 외에
다른 것으로는 이런유가
나갈 수 없느니라 하시니라

(마가복음 9:29)

너는 내게 부르짖으라

- 이 강 현

너는 내게 부르짖으라 내가 응답하겠고
크고 비밀한 일을 네게 보이리니

구하라 주실것이요 찾으라 찾을것이요
두드리라 열릴것이니 내게 부르짖으라

환도뼈가 부러져도 야곱처럼 맘새워
홍해앞에 모세처럼 믿음으로 구하라

구하라 주실것이요 찾으라 찾을것이요
두드리라 열릴것이니 내게 부르짖으라

죽으면 죽으리라 금식하며 구하라
주님께 생명다해 울며 부르짖으라

구하라 주실것이요 찾으라 찾을것이요
두드리라 열릴것이니 내게 부르짖으라

골방에서 빈들에서 은밀하게 엎드려
성령에 이끌리어 내게 부르지으라

구하라 주실것이요 찾으라 찾을것이요
두드리라 열릴것이니 내게 부르짖으라

기도 할 수 있는데

고광삼

기도할 수 있는데, 왜 걱정 하십니까?
기도하면서, 왜 염려 하십니까?
기도할 수 있는데, 왜 실망 하십니까?
기도 하면서, 왜 방황 하십니까?

주님 앞에 무릎 끓고, 간구해 보세요
마음을 정결하게, 뜻을 다하여

기도할 수 있는데, 왜 걱정 하십니까?
기도 하면서, 왜 염려 하십니까?
기도 할 수 있는데, 왜 실망 하십니까?
기도 하면서, 왜 방황 하십니까?

주님 앞에 무릎 꿇고, 간구해 보세요
마음을 정결하게, 뜻을 다하여

기도하세요 지금

김석준

기도하세요 지금
아직 포기하지 마세요

주님 앞에 무릎 꿇고
겸손하게 기도해 보세요
내앞길 가로막는 장애물이 있다해도
걱정하지 마세요 돌아서지 마세요

슬픔도 고통도 괴로움도
기도로 이겨낼 수 있잖아요

기도하세요 기도하세요
주님은 당신의 편입니다.

하늘이 무너져도 절망하지 마세요
주님의지 하세요. 믿음을 가지세요

슬픔도 고통도 괴로움도
기도로 이겨낼 수 있잖아요

기도하세요 기도하세요
주님은 당신의 편입니다.

책 앞에서

탄식과 절망의 시간을 기도의 시간으로

어제 승리의 노래를 불렀지만, 오늘 탄식의 소리를 내뱉어야 하는 사람이 있고, 어제 까지 행복한 시간을 보내었지만 오늘 슬픔의 눈물을 흘리는 사람들이 있습니다. 한마디로 인생은 평생 희로애락이 교차하는 교차로 같습니다.

이 인생의 교차로에 서 있는 우리에게 기도는 나의 안식처이고 나의 빛입니다. 기도의 무릎을 꿇으면 내 앞에 골리앗이 무너지고, 하늘 문이 열립니다.

기도하면 신기하게도 불가능한 일들이 가능해 지고 답답하던 삶에 환한 빛이 들어오고 소망이 보입니다.

꼬였던 것들이 풀어지기 시작합니다. 기도는 하나님의 놀라운 은혜의 선물입니다. 기도하면 기적이 일어납니다.

25년 만에 폭염이라던 2016년 8월 어느 날 법정에서 판사가 어느 여인에게 1천만 원의 벌금이 선고 되었고, 법정 밖으로 멀어져 가면서 계속 울부짖는 숨넘어갈듯한 참담한 탄식을 듣고 있던 나는, 큰 충격을 받았습니다. 너무도 안타까웠습니다. 가슴이 울렁거렸습니다.

오! 하나님 저 여인을 도와주세요.

울분에 찬 외마디……. 무엇이 그렇게 서러웠을까?

주여! 위로해 주소서.

나는 준비해온 '주일 예배 대표기도문'을 재촉하여 그 여인네 손에 전해 주고 싶었다.

"하나님께 부르짖으세요!" 라고 말하고 싶었다.

미국의 오바마 대통령이 아르헨티나를 방문했을 때 아르헨티나 대통령은 '미국은 신앙의 자유를 찾아 신대륙에 와서 신앙과 황금을 얻었지만, 우리는 황금만을 찾아 이 땅에 왔지만 황금도 신앙도 다 잃었다고 했다고 한다.

주님은 말씀하신다. "너희는 먼저 그 나라와 의를 구하라. 그리하면 이 모든 것을 너희에게 더 하시리라"(마태 6:33) 약속하셨다.

아버지 이면서 교육자이신 고 김상현 교장선생님은 큰아들인 저에게 마지막 유언을 남기셨다.

나는 퍽 건방지게 산 사람이다.

왜 건방진고 하니, 내가 안다는 한갓 지식 그것 가지고 세상을 판단하고, 다른 사람을 판단하고, 모든 물정과 그리고 우주에 대한 이치를 내가 안다는 지식으로 판단했는데, 실상 내가 이 죽음의 막바지에 들어서서 하나님의 무한한 세상을 바라보는 순간, 내가 안다는 지식은 불과 큰 황소 터럭 하나만한 것을 가지고, 이것을 자랑하고 뽐내고 이것을 가지고 교만하게 살았다.

나는 고생해가며 헐벗어가며, 너희들의 견문을 넓히기 위해 최고의 학부를 가르치기 위해 내있는 전력을 다했는데, 그러나 세상은 과학만을 가지고 인생을 사는 것만이 아니다.

내가 너희들에게 심어주지 못한 것이 있다.

그것이 무엇인고 하니, **예수님을 내가 너희들의 가슴에 심어주지 못했다.**

이 세상에는 지도자가 필요한 것이다.

반드시 인생의 앞길을 걸어간 지도자가 필요한 것이다.

나는 수많은 지도자를 찾아보았다.

진정한 인생의 영원한 생명을 이끌고 행복을 줄 수 있는 지도자는 단 한 분 계시는데 그분은 예수그리스도다.」

아인슈타인은 말했다.

인생을 사는 방법은 두 가지가 있다. 아무 기적도 없는 것처럼 사는 것 그리고 모든 일이 기적인 것처럼 사는 것이다.

선택은 우리가 한다.

기도는 하나님과 소통 할 수 있는 유일한 수단입니다.

"너희는 내게 부르짖으라, 내가 네게 응답하겠고 네가 알지

못하는 크고 은밀한 일을 네게 보이리라"(렘 33:3)

5만 번 기도 응답을 받은 **조지뮬러** 목사는 "당신이 기도하면 지금도 기적은 일어난다. 당신이 기도하면 더 깊은 은혜의 사람 더 놀라운 능력의 사람이 될 수 있다."는 말을 했습니다.

인생길에서 형통한 길은 **요셉처럼** 어떠한 역경에 처해도, 하나님과 동행하면서, 하나님께 묻고 기도로 소통하는 것이라 생각합니다.

절망 속에서, 참담하게 법정에서 외쳐대던 그 가련한 여인에게 하나님의 은총으로 그 때 슬픔과 탄식이 변하여 기쁨과 희락이 되기를 기도합니다.

이제 탄식과 절망, 포기의 시간을 기도의 시간으로 바꾸어 보시지 않겠습니까? 인생은 어디서 왔다, 어디로 가는지 모른다는 가수 최희준의 노래처럼 우리 모두 뜬구름 같은, 인생 나그네 길이 말씀위에 기도로 하나님의 기적을 체험하고 하늘나라를 향해가는 순례의 길이 되기를 기도합니다.

이 모든 것이 항상 우리와 함께 하시는 보혜사 성령님의 은혜의 선물입니다.

"만군의 여호와께서 말씀하시되 이는 힘으로 되지 아니하며, 능력으로 되지 아니하고 오직 나의 영으로 되느니라" (스가랴 4:6)

내가 꿈꾸며 맹세했던 영원한 것은 세상에 존재하지 않는다는 무서운 진리를 이제는 받아들여야 할 때가 온 것 같아요
모두들 눈을 크게 떠 보세요.
인생의 최후 승리자는 스테반 집사처럼 성령이 충만하여 웃으면서 하늘나라로 떠나 가는자입니다.
"이 세상은 아브라함과 다윗의 자손 예수그리스도의 세계라"
(마태 1:1)
우리모두 인생의 종점에서 아름다운 이 세상 소풍 끝내는 날 웃으면서 떠나가는 진정한 승리자가 되기를 기원합니다.

아침이 오지 않는 밤은 없습니다.
절대, 절대 기도를 포기하지 마시고 진정한 승리자가 됩시다.
우리 모두 예수님을 보기를 기도합니다.
호흡있는 자마다, 여호와를 찬송할지어다
-아멘-

감사합니다.
2016. 11.
김광서 장로

추천사 1

금번 전주 신흥교회 김광서 원로 장로님께서 주일 예배 시 대표 기도를 했던 기도문을 보내왔습니다. 저는 전주 신흥교회에서 20년을 목회 하면서 그 대표 기도를 들으며 많은 은혜를 받았습니다. 기도문집은 당시 교회력에 따른 기도를 그대로 실었고 또 사이사이 찬송시나 금언 등을 삽입하여 지루하지 않도록 편집이 되어 있었습니다. 그리고 자신의 신앙고백과 또 기도의 폭을 잘 표현하고 있었습니다.

기도는 하나님과의 대화이며 성도 자신의 영혼의 호흡과 같은 것입니다. 그래서 우리는 기도하기 위해서 늘 교회에 가야만 합니다. 중요한 것은 몸만 교회에 가서 이기적인 목적으로 기도하는 것은 예수님께서 꾸중하신 것처럼 "강도의 굴혈"을 만들고야 마는 과오를 저지르게 됩니다. 기도하는 자의 마음가짐은 하나님과 이웃을 제 몸과 같이 사랑하는 마음으로 기도해야 하는 것입니다. 그것은 하나님의 풍성한 은혜 가운데 살고 있기에, 하나님을 절대적으로 신뢰하는 마음으로 하나님께 구해야 합니다. 무엇을 먹을까 무엇을 입을까 하는 현재의 고난에 너무 집착하는 기도 보다는 미래의 행복의 토대가 하나님의 의에 있기에 오히려 하나님의 의를 구하는 기도를 해야 할 것입니다.

김광서 장로님은 이러한 기도의 의미를 깊이 깨닫고 사나 죽으나 오직 주를 위하는 모습으로 교회력에 따른 공중기도를 하였습니다.

창조절 기도는 대자연의 아름다움을 오케스트라로 찬양하면서 현실의 소돔과 고모라를 치유해 달라고 호소하고 있었습니다.

성탄절 기도는 임마누엘 하나님께서 오셔서 목마르고 병들고 굶주리고 나그네된 사람들과 함께 하여 주시라고 간절히 부르짖고 있었습니다. 사순절 기도는 예수님의 십자가의 대행진에 성도들이 동참할 것을 일깨우고 있었습니다. 부활절 기도는 예수님께서 부활승리 하신 것처럼 우리 성도들도 부활의 신앙으로 승리하고자 외치고 있었습니다. 성령 강림절 기도는 보혜사 성령께서 오셔서 고아와 같은 우리들에게 은혜를 부어 달라고 간절히 기도하고 있었습니다. 그리고 성도들의 속죄 기도와 각 가정과 교회의 평화를 위해 간청기도를 하고 있었으며 어린이 청소년 노인들을 위한 기도도 빼놓지 않고 있었습니다. 특히 교회를 섬기는 목회자와 민족적 숙원인 민족 통일을 위한 우렁찬 호소 기도를 드리고 있었습니다. 김장로님의 신앙고백에서 묻어 나오는 주옥같은 은혜로운 기도를 읽으며 큰 감동을 받길 바라는 마음으로 감히 추천합니다.

2016년 10월
전주신흥교회 명예목사 김대선

먼저, 김광서장로님의 주일 대표기도를 한권의 책으로 만든다는 것은 개인의 은혜를 넘어, 교회에도 큰 유익이 있습니다.

왜냐하면, 장로님의 기도 속에는 현재 우리 공동체의 소원과 믿음의 역사를 잘 나타내 주고 있기 때문입니다.

또한 장로님의 기도는 대표기도의 교과서를 보는 것과도 같습니다.

먼저는 하나님께 찬양과 영광을 돌립니다. 찬양의 내용은 성경에 있는 시편을 인용하시기도 하시고, 때로는 하나님을 찬양하는 시인들의 아름다운 시를 인용하시기도 하십니다.

이어서 개인과 교회, 나라와 민족의 죄악의 문제를 하나님 앞에 참회하고 용서를 겸손히 구하십니다. 그리고, 예배를 통해 하나님의 긍휼하심과 축복을 간구하십니다.

이처럼 정성스러운 기도문을 저희들이 함께 읽을 수 있다는 것은 참으로 기쁘고 감사한 일입니다.

저도 이 기도문을 읽는 가운데 강단에서 하나님 앞에 간절히 구하셨던 장로님의 모습과 은혜가 생생하게 다가옵니다.

다윗은 모든 원수와 사울의 손에서 건져주신 날에 여호와께 부르짖으며 기도했습니다.

"나의 힘이신 여호와여 내가 주를 사랑하나이다. 여호와는 나의 반석이시오 나의 요새시오 나를 건지시는 이시오 나의 하나님이시오 내가 그 안에 피할 나의 바위시오, 나의 방패시오 나의 구원의 뿔이시오 나의 산성이시로다" (시편 18:1, 2)

이 기도문을 읽는 모든 성도님들께 다시한번 하나님의 충만하신 은혜가 함께 하시길 바랍니다.

2016년 10월
전주신흥교회 담임목사 김민권

내가 아는 김광서 장로

어느날 노신사 한 분이 마음사랑병원 친구모임예배에 나타나
셨다.
그로부터 10년이 넘는 세월이 흘렀지만 처음모습 그대로
토요일만 되면 예배모임에 나타내는 분이시다.

김장로님을 보면 세월의 흐름을 잊게 한다.
이제나 그제나 이곳 환우님들을 섬김에 변함이 없다.

열린 예배도중 앉아있는 환우를 한사람 한사람 찾아다니며
등을 토닥거리거나 악수하거나 기도를 해주시며
환우들의 몸과 마음을 일일이 보살피시며 위로해주신다.

텅 빈 널따란 예배실에 제일 먼저 오시는 분도 김장로님이시
다.
빵집에서부터 200개가 넘는 빵을 매주 토요일 아침 예배실로
실어오고 자리를 정돈한 후에 혼자서 기도하고 계시는 분이
다.

매주 한 사람씩 안수기도로 환우를 돌보는 일로부터
매달 한 두 차례씩 목사와 함께 말씀을 나누어 전하는 일이나
섬기는 회원들과 기도모임을 나누는 일까지 모임의 중심이시
다.

많은 사람들이 왔다가 말없이 떠나는 섬김이들의 모임 마당에
끝까지 자리를 지키고 없어서는 안되는 중심에 앉아계시는 분
수첩에 빽빽하게 메모를 적어, 한 사람 한 사람 기도해주신다.

마음사랑 친구모임에서는 목자가 따로 없다.
김광서 장로님은 없어서는 안되는 목자시다.
연약하고 아픔을 지닌 환우들의 친구요 형제요 아버지시다.

　　　　2016년 10월
　　　　마음사랑 친구모임 섬김이　　전 영 철 목사

•차 례•

1. 교회력에 따른 공증기도

창조절 **열한째**

주일대표기도

2015. 11. 15.

높고 높은 하늘 보좌에서, 지극히 낮고 낮은 죄 많은 세상에서 방황하는 우리를 보시는 하나님! 오늘도 주님의 은혜와 사랑의 날개 속에 품어 주심을 감사합니다. 이 아침, 주님의 이름으로 기도합니다.

내 죄를 씻으신 주 이름 찬양 합니다.
십자가 앞에서 거룩한 보혈의 공로를 찬양합니다. 이 예배를 통해 영광 받으시고, 기쁨으로 받아 주옵소서. 가을이 깊어가며, 높아져 가는 푸른 하늘에, 새털 같은 하얀 구름과 기러기 떼가 V자형 편대로 북쪽에서 따뜻한 남쪽 나라로 하늘을 나는 것을 보면서, 유난히 아름다운 금수강산 주심을 감사합니다. 하늘 햇살로 곱게 물드는 단풍 같이 저희도 하나님의 사랑의 단풍으로, 채색되는 아름다운 추수의 계절이 되기를 원하옵나이다.

그러나 저희는 세상 땅을 닮아가는 모습이 부끄럽습니다. 저희는 들에 시든 풀같이 연약하고, 세상 바람에 쉽게, 흔들리는 갈대 같은 인생이오니 굳건한 믿음으로 지켜주옵소서.

로뎀나무 아래에서 갈바를 몰라 기도하던 엘리야를 책망하지 아니하시고, 위로해 주시던 하나님의 세미한 음성을 기억합니다. 가을바람 따라, 이리저리 흐느적거리는 코스모스처럼 되지 않게, 세상 풍파를 이길 수 있는 성령의 바람, 성령의 기름 부어주소서! 그래서, 여호와니쉬 하나님의 승리의 깃발이, 오늘도 우리의 직장과 가정과 삶 가운데 휘날리게 하소서.

사랑과 은혜가 풍성한 하나님 아버지!

눈앞의 결과만 보고, 행복과 불행을 예단하는 저 때문에 주님은 얼마나 상처를 받으셨나요?

기쁠 때는 주님을 찬송하고, 슬플 때는 주님을 원망하는 저희들 때문에 주님은 얼마나 슬프셨나요? 이 시간, 우리의 죄를 하늘의 우슬초로 정결케하소서 저희 숱한 허물에도, 제 손을 굳게 잡고 계신 '바보 예수'의 한없는 사랑을, 가슴에 품고 오늘도 하나님 없다고 하는 불행한 사람들에게 복음을 전파하게 능력을 부어 주소서.

자비하신 하나님! 이 나라, 민족을 위하여 기도합니다.

이 민족을 긍휼히 여겨 주소서.

경제는 어렵고 정치인들은 집단이기주의로 갈팡질팡하면서 국민을 실망시키고 있습니다. 묻지 마 살인, 성폭력 등 각종 범죄가 넘치고, 교육이 무너지고 청소년들이 길을 잃고 방황하고 있습니다. 이 사회는 마치 소돔과 고모라를 방불케 할 정도로 쾌락과 타락의 끝을 향해 달려가고 있습니다. 이 나라를 불쌍히 여기소서. 절망에 빠진 이스라엘 민족에게 '하나님께로 돌아가라'고 부르짖던 호세아의 외침이 오늘 대한민국 땅에 다시 한 번 한국인의 가슴에 메아리치게 하소서. 43년 만에 가뭄으로 어려움을 겪고 있습니다. 비를 갈망하던 엘리야 기도가 생각납니다. 주여 하늘에 비를 간구하오니 이 땅에 늦은 비를 내려주소서.

자녀들을 위하여 기도합니다.

대학수능이 끝난 자녀들에게 지혜와 지식을 더하여 하나님의 거룩한 자녀 되게 하소서. 그간 학부모의 수고에 주님 위로해 주소서.

이제, 대학문이 아니라, 천국 문을 향해 달려가는 귀한 자녀들이 되게 하소서. 주여! 험난한 세상이지만, 신실하고 선한 삶을 살 수 있게 자녀들을 붙들어 주소서.

주여! 20구역 전 가정에 복주실 것을 믿습니다.

주여! 원하시면 우리 가정과 내 삶의 고난의 폭풍우가 예수의 능력으로 잠잠해지고 평강이 넘치게 하소서.

주여! 원하시면 병마로 고난 받는 성도, 부활의 손으로 치유해 주시고, 일으켜 세워 주실 줄 믿습니다. 특별히 중병으로 고생하는 성도를 긍휼히 여겨주소서.

성도의 아픔을 누구보다 잘 아시고, 함께하시는 하나님! 베데스다 연못가에 누워 있던 38년 된 환자에게 '일어나라, 네 자리를 들고 걸어가라'고 하셨던 주님! 오늘 이 환우에게 '일어나 걸어가라'고 명령하시옵소서. 저들을 하루빨리 일으켜 주시고 희망과 소망을 주시옵소서.

이 시간 하늘에서 내려오는 평화의 물결이 이 나라와 교회와 가정 위에 임하옵소서.

연로하신 성도를 기억해 주시옵소서.

우리 주님 걸어가신 길 따라가게 하시고 어린아이 같이 나약하오니 주의 손에 이끌리어 생명의 길 영광의 길로 인도하소서. 꽃이 피는 들판이나 험한 골짜기라도 주가 인도하는 대로 주와 같이 가겠사옵니다. 옛 선지자 에녹같이 우리들도 천국에 들려올라 갈 때가지 주와 함께 한 걸음 한걸음 날마다 날마다, 주 예수 손잡고 걷게 하소서.

이 시간 주님의 말씀을 증거 하실 목사님에게 기름 부어 주시고 선포되는 말씀 통해 하나님의 음성을 듣고 소망과 기쁨으로 성령 충만하게 하소서. 신흥교회가 우리 성도들에게 인생 광야 길에서 푸른 초장이 되고 사막의 오아시스가 되게 하소서.

주께 찬양 드리는 찬양대와 모든 예배를 돕는 손길위에 하나님의 은총을 뿌려 주소서. 십자가의 은혜로 우리를 인도하시는 예수 이름 받들어 기도합니다.

-아멘-

천국의 문을 두드려요
(Knockin on Heaven's Door)

- 밥 딜런 (노벨 문학상)

어머니 내 옷에 달린 이 배지를 떼어 주세요
나는 더 이상 그걸 사용할 수가 없어요
보이지 않을 정도로 세상은 어두워지고 있어요
천국의 문을 나는 두드리고 있어요
두드려요 두드려요 천국의 문을 두드려요.
두드려요 두드려요 천국의 문을 두드려요.
어머니 이 총들을 내게서 멀리 치워 주세요
나는 더 이상 총을 쓸 수 없어요
거대한 검은 구름이 나를 따라 오고 있어요
천국의 문을 나는 두드리고 있어요

대표기도

2015. 12. 25.

"천사가 이르시되 무서워 말라!

보라! 내가 온 백성에게 미칠 큰 기쁨의 좋은 소식을 너희에게 전하노라.

오늘날 다윗의 동네에 너희를 위하여 구주가 나셨으니, 곧 그리스도 주시니라(눅 2:11)""아들을 낳으리니 이름은 예수라 하라. 이는 그가 자기 백성을 그들의 죄에서 구원할 자이심이라 하니라(마 1:21)" 오늘은 세상의 단하나의 소망이신 예수께서 오신 날입니다. 오늘 예수 오심이 온 세상의 기쁨과 소망이 되게 하소서.

기쁘다 구주 오셨네, 구세주 탄생 했으니 이 세상 만물들아

다 찬양 하여라, 다 경배 하여라. 노엘 노엘 이스라엘 왕이 나셨네! 해와 달아 찬양하며, 광명한 별들아 찬양할 찌어다!

힘차게 부는 바람아, 떠가는 묘한 구름아, 저 은빛 나는 밝은 달! 저 지는 고운 저녁놀, 다 하나님을 찬양 하여라.

고통 슬픔 지닌 자, 네 모든 근심 주께 맡기고 주 찬양 하여라.

저 흘러가는 물 다 주를 노래하여라, 주 은혜 받은 만민아 다 꿇어 경배하여라!

내 영혼아 여호와를 송축하라. 내 속에 있는 것들아, 다 그의 거룩한 이름을 송축하라. 영광을 높이 계신 주님께 엎드려 경배하세! 구세주 났네!

가장 낮고 낮은 곳에 2000년 전에 베들레헴 마굿간에 울려 퍼지는 메시아 아기 예수의 장엄한 울음소리, 이 성탄의 아침에 아기 예수 탄생을 예배하는 성도들에게 동방에서 별을 보고 달려온 동방 박사들처럼 날마다 예수님만 바라보며 소망 속에 살게하소서.

천지만물을 창조하신 여호와 하나님!
인류역사상, 처음이자 마지막인 최고의 그리스도 탄생의 날입니다.
우리 주님께서 인간의 옷을 입고 이 땅에 오신 성탄절 아침입

니다. 천한자의 친구 되시고, 천국의 소망을 주셨습니다. 주님
은 우리가 목마를 때 마시게 하셨고, 병들었을 때 치유해 주
셨고, 죽은 자를 살려 주셨습니다. 굶주렸을 때 먹을 것을 주
셨습니다. 나그네 되었을 때 친구가 되어 주셨고, 옥에 갇혔을
때 위로해 주셨습니다. 우리도 주님의 사랑의 삶을 살게 하소
서.

주님이 임마누엘 하나님으로 이 땅에 오셨듯이, 다시 오실 주
님을 맞이할 준비하며, 하루하루 살게 하소서.

세상을 이처럼 사랑하셔서 아기 예수를 이 땅에 보내신 하나
님! 2000년 전 인류의 죄를 대신 짊어지고 죽기 위해 이 땅에
오신 아기예수님!

올해도 다시 한 번 거룩한 성탄절을 맞이했습니다.

주님! 저희들이 무엇이 관대 주님께서 하늘의 높고 귀한 영
광의 보좌를 버려두시고 낮고 천한 몸으로 이 땅에 오셨습니
까? 특별히 많은 사람 중에서 벌레만도 못한 저희를 택하여
주셔서, 그 크신 은혜 감개무량할 따름입니다.

사랑과 은혜가 풍성하신 하나님!

 오늘 성탄의 이 아침 저희들의 마음속에 새롭게 임하소서.
주님, 빈방 제 마음속에 있습니다. 어서 들어오세요! 우리 모
두 아기 예수님을 소중하게 모시고, 살아가는 귀한 순례자의

길 가게 하소서.

세상 풍파 몰아쳐도, 주님 오시는 그 날까지 감사의 찬양 부르게 하소서.

이 정성 다하여 간구하오니 비록 인생길에 비가 내리고, 창수가 나고, 바람이 불어도 아브라함 같이 말씀에 순종하고, 믿음의 반석위에 세워 주시어, 축복의 통로가 되게 하소서.

저희 사는 세상은 전쟁이 끊이지 않고, 폭력과 테러로 많은 사람들이 죽어가고 있습니다. 믿음의 하나님! 다시 오실 것을 믿습니다. 사랑의 하나님!

속히 오셔서 쏟아져 내리는 주님의 따뜻한 사랑으로 사망의 음침한 지구촌을 구해 주소서.

예루살렘을 보시고 안타까워 하시던 예수님!

예루살렘이 무너진 것을 보고 눈물 흘리던 느헤미야처럼 세계적 경제 한파와 IS 종교 전쟁과 자살테러로 종말을 향해 달리는 지구촌을 불쌍히 여기시고, 우리 모두 기도할 때 주님의 은혜로 구원해 주시고 아기예수의 사랑으로 이 땅에 하루속히 평화가 임하게 하소서.

북한의 지하교회, 중국의 가정교회 기억해 주시고 열방까지 아기 예수 그리스도의 복음을 전하게 하소서.

아기예수의 빛으로 세상의 어두움을 비추고, 우리 모두 빛가운데 거하게 하소서.

이 추운 겨울에 차가운 지하도에서 노숙하고, 쪽방에서 생활고와 병으로 홀로 눈물흘리며 노년을 보내는 이들이 많사옵나이다. 경제적 불황으로 어려운 가정이 많고 직장을 얻지 못한 젊은이가 많습니다.

주님! 저들을 붙잡아 주시고 우리 그리스도인들이 선한 사마리아인이 되게 하소서.

주님! 헛된 선물이나 카드나 여흥에서 성탄의 기쁨을 찾지 않게 하소서. 성탄의 주인이신 아기 예수 그리스도로 인하여 영원한 기쁨을 누리게 하소서.

주님! 2015년 금년 한 해도 끝자락에 와 있습니다. 금년 한 해 아픈 일 많았지만 주님께서 어루만져 주셨습니다. 금년 한해 힘든 일 있었지만 주님께서 여기까지 동행해 주셨습니다. 더는 뒤로 물러설 곳이 없을 때, 주님께서는 내마음속에 오셔서 따뜻한 손길로 붙잡아 주셨습니다. 돌아보면 발자국 마다 주님의 은혜였습니다.

주님께서 이 모든 은총을 누릴 수 있는 축복을 주셨사오니, 우리의 이웃과 함께 메리크리스마스로 주님의 사랑을 나누게 하옵소서. 다가오는 새 해에도 주님의 품안에서 사랑과 희락과 평강이 넘치는 사회와 교회와 가정이 되게 하소서. 새해에는 한사람, 한사람 주님의 사랑과 믿음으로 덧입혀 주셔서, 행복한 가정, 행복한 직장, 행복한 교회 되게 하소서.

성탄절 예배를 위하여 기도합니다.
주님! 이 시간 아기예수로 오신 주님을 경배하기 위해 이렇게 모여 예배드리오니 주님께서 이 예배를 기쁘게 받아 주시며, 저희들에게 한없는 은혜와 축복을 내려주시고 특별히 말씀을 증거 하실 목사님께 영력을 더하여 주셔서 주님의 탄생의 비밀을 저희들에게 깨우쳐 줄 수 있도록 그 입술을 주장하여 주시옵소서. 또한 찬양으로 예배를 돕는 성가대 위에도 함께 하여 주셔서 그들의 입술을 통해 나오는 찬양의 메아리가 주님께는 영광이요, 주님을 믿는 우리에게는 은혜가 되게 하여 주시고 저희들이 한 마음 한 뜻으로 주께 찬양 드리는 귀한 성탄절 예배 되게 하여주시옵소서.
성탄의 은혜를 주시는 아기예수 이름 받들어 기도합니다.

-아멘-

평화이신 예수님께

- 이 해 인

진정
평화는 어디에 숨은 걸가요?
시대는 불안하고
삶은 공허하고
사람들은 초조합니다.
평화이신 예수님
고통 중에도
잠들지 않고 깨어 있는 평화
죽음을 넘어서는 생명의 평화
움직이는 평화를 그리워합니다
우리 모두 평화를 위해

일하는 사람들이
되게 해주십시오
가는 곳마다에서
입으로 평화를 외치기보다
존재 자체로 평화가 될 수 있는
눈물의 기도와 인내
행동할 수 있는 용기를 주십시오

주일대표기도

2016. 01. 24.

시작과 끝이 되시고, 역사를 주관하시는 하나님! 벌써 1월 한 달이 지나가고 새해에는 주님 주시는 새로운 꿈을 꾸게 하소서. 주님 안에서 계획이 세워지고, 주님 안에 서서 모든 일이 이뤄지는 값진 한해가 되게 하소서. 지난해 세속에 찌들었던 우리의 더러운 죄, 우슬초로 정결케 하소서. 주님의 보혈로 눈보다 더희게 하소서. 새해에는 순결한 마음으로 새롭게 거듭나게 하소서.

주님!
새해에는 새 마음을 주시고, 주님 은혜 가운데 부르시고, 은혜 속에 사는 한해가 되게 하소서. 마음속에 자리한 미움의 잡초를 뽑아내게 하시고, 사랑의 씨앗을 뿌리며 살아가게 하여 주옵소서.

입술의 순종이 아닌 정신과 영혼을 동반한 몸으로 순종하며 산제사를 드리게 하소서. 눈에 보이는 것을 위해서가 아니라, 하나님의 약속의 말씀 따라 살아가게 하소서.

새해에는 굴러갈수록 눈 더미처럼 커져가는 세상 욕심을 버리고, 가진 것에 만족하고, 감사하며 살게 하소서. 늘 달라고만 졸라댄 불효자식의 기도를 용서하시고, 이미 받은 많은 복을 헤아리며 감사하며 찬송하게 하소서.

(1) 사랑의 하나님!

새해에는 어느 곳에나, 어디서나 겸손함으로 은혜의 삶 살게 하소서. 하나님을 경외하고, 이웃을 섬기게 하소서.

(2) 사랑의 하나님!

새해에는 기도의 날개와 말씀의 날개로 어떤 고난에도 주님의 은혜로 승리하게 하소서. 주님의 전신갑주 입고, 어떤 환란도 잘 감당하고, 환란 가운데서도 주님 주시는 평안을 잊지 않게 하소서.

(3) 사랑의 하나님!

새해에는 내 삶속에 아브라함처럼 만남의 복이 있게 하소서. 날마다 어디서나 하나님의 만남과 영적 교제로 성숙한 삶이 되게 하소서.

(4) 사랑의 하나님!
새해에는 이 땅에 하나님의 나라 건설을 위해 한국교회와 성
도들이 이 땅에 빛과 소금이 되어, 희망의 등불이 되게 하소서.

(5) 사랑의 하나님!
새해에는 20구역 전가정에 안식과 평강과 건강을 주시고, 하
나님의 영광이 들어나는 가정이 되게 하소서.

(6) 사랑의 하나님!
새해에는 곡식과 새포도주를 얻는 기쁨보다, 복음전도로 주
님이 주시는 은혜와 축복을 받아 누리게 하소서. 병상에 있는
자, 경제적 어려움에 처한자, 절망과 우울증에 있는 자에게,
믿음을 주소서. 예수이름으로 승리하며 살아가는 믿음 주소
서. 오직 소망의 하나님만 바라보게 하소서.

(7) 사랑의 하나님!
기적을 능력으로 세상에 전하시는 전능하신 하나님 아버지!
오늘도 일상에서 기적을 체험하고 아버지로 인해 행복한 한
해가 되게 인도하소서.
오늘도 우리와 동행하시는 하나님! 이스라엘 민족이 광야에
서 입은 옷이 낡아지지 않았고, 신발이 해어지지 않게 하나님
께서 옷이 되고 신발이 되어 주셨습니다. 그들이 40년 동안

굶주리지 않게 만나와 메추라기를 주셨고, 반석에서 물이 나게 하셔 목을 적셔 주셨습니다. 2016년 우리나라와 국민을 이 어려운 때에 광야의 이스라엘 민족 같이 낮에는 구름 기둥, 밤에는 불기둥으로 인도해 주실 줄 믿사옵나이다. 이 나라를 불쌍히 여기시고, 북한 핵으로부터 보호해 주시고 하나님을 경외하는 나라, 하나님께 순종하는 나라 되게 하소서. 그리하여 2016년은 소망이 넘치는 한해가 되게 하소서.

청년들도 새 직장을 얻고, 결혼도 하고, 많은 비정규직 근로자들이 정규직으로 전환되고, 경제적 어려움으로 실의에 젖은 사람들이 용기를 얻고, 국회가 국민은 안중에도 없는 당파싸움을 버리고 새롭게 거듭나서 국가와 국민위해 진실한 봉사의 일꾼이 되기를 원합니다. 각종 규제가 풀리고, 경제 활성화로 활기찬 일상이 되게 주께서 인도 하소서.
교회도 빛과 소금의 사명을 잘 감당하고 생명의 전도가 찬란한 한해가 되게 하소서. 새해에는 하나님의 은혜 가운데 감사와 찬양이 넘치는 한해가 되게 하소서.

새해에는 신흥교회 모든 성도의 소원의 기도를 다 응답받아 축복의 간증이 넘치는 은혜가 풍성한 한해가 되게 하소서. 모든 것이 주의 날에 새 소망으로 눈물이 바뀌어 기쁨이 되게 하소서.

우리 자녀들 눈동자 같이 지켜주시고, 실족치 않고 성숙한 신앙생활 할 수 있게 인도 하소서.

1년 내내 하나님 앞에 꿈꾸는 하나님의 자녀 되게 하소서.
만병의 의원이시며 치료자이신 주님! 원치 않는 병마로 고생하는 성도를 피 묻은 손으로 안수해 주시며, 하루빨리 건강을 되찾아 주님을 찬양하고 영광 드리게 하소서. 연로하여 인생이 힘들고 고난이 겹쳐 있을 때에도 주님의 오른손으로 꼭 잡고 가소서.
천성 가는 길이 축복의 길이 되게 주님의 지팡이로 인도 하소서.
오늘 예배드리는 성도 한 사람 한 사람마다 신령한 은혜를 체험 하는 시간이 되게 하소서. 멀리 계시지 아니하시고 가까이 계신 주님을 만나는 귀한 시간 되게 하소서.

양무리를 보살피시는 담임 목사님과 교역자들에게 성령의 은총을 늘 베풀어 주시옵소서. 말씀을 통해 새로운 눈을 떠서 새 하늘과 새 땅을 바라보는 신령한 은혜의 시간 되게 하소서. 경배의 찬양 받아 주시고 성가대원을 축복해 주시옵소서.

길이요 진리요 생명이신 주 예수 그리스도 이름 받들어 기도 드립니다.   -아멘-

겨울바다

- 김남조

겨울바다에 가 보았지
미지의 새
보고싶던 새들은 죽고 없었네

그대 생각을 했건만도
매운 해풍에
그 진실마저 눈물져 얼어 버리고

허무의
불
물이랑 위에 불붙어 있었네

나를 가르치는건
언제나
시간......
끄덕이며 끄덕이며 겨울바다에 섰었네
남은 날은
적지만

기도를 끝낸다음
더욱 뜨거운 기도의 문이 열리는
그런 영혼을 갖게 하소서

남은 날은 적지만

겨울 바다에 가 보았지
인고의 물이
수심속에 기둥을 이루고 있었네

주일대표기도

2016. 03. 06.

"그가 찔림은 우리의 허물을 인함이요, 그가 상함은 우리의 죄악을 인함이라, 그가 징계를 받음으로 우리가 평화를 누리고 그가 채찍에 맞음으로 우리가 나음을 입었도다."(이사야 53:5)

주님 이름을 찬양합니다. 주님만 홀로 영광 받으옵소서.
겨울의 생명이 꿈틀거리며, 새싹이 움트는 새로운 봄의 세계로 인도하시니, 감사와 찬양을 드립니다.

양지 바른곳을 따라 하얀 냉이꽃, 노란 민들레, 분홍색 제비꽃이 다소곳이 피었습니다. 유채꽃은 화사하게 만개하여 무리지어 해풍에 흔들려 주님을 찬양합니다. 사순절 아침에 죄인인 저희 들이 높이 계신 주님을 찬양합니다.

이 땅에 소망의 봄바람 불어 주소서. 어려운 경제가 회복되고, 평화가 넘실되는 한반도가 되게 하소서. 북녘 땅에 푸르고 푸른 그리스도의 계절이 오게 하소서.

삼천리 금수강산에 주님 주시는 평화가 강물처럼 흐르게 하소서.

이 사순절 순례의 여행을 통하여, 십자가 예수 사랑을 기억하고, 주님의 삶과 고난을 묵상합니다.

거친 골고다의 길, 가시면류관 피투성이 십자가의 길, 손과 발목 다 찢기시고, 기진맥진하여 쓰러지며, 지친 주님의 애처로운 모습 죄인 위해 고난 받으시고, 버림받은 주님의 영혼, 오, 주여! 이 죄인 용서하소서. 오, 나의 주님 용서하소서.

사순절에 얼마나 아프셨습니까?

하나님의 마음은 죄인을 위하여 십자가에 달려 제물이 되었을 때, 얼마나 아프셨습니까?

주님의 몸과 마음은?

독생자 주셨지만, 주님 원망할 때 얼마나 아프셨습니까?

하나님의 심령은? 십자가를 지시고, 무슨 죄가 있나요?

저 무지한 사람들, 예수여 나의 죄 씻기 위해 보배 피 흘리시니, 죄인 받으소서. 녹슨 못, 망치소리 내 마음 울리셨네…….

마지막 피 한 방울, 나를 위해 흘리셨네!

아름다운 예수여! 이 죄인 용서해 주소서. 날 위해 돌아가신 주, 이 모습 이대로 받으소서. 겟세마네 기도를 기억하게 하시고, 그 십자가의 은혜로 날인도 하소서.

십자가의 보혈로 주신 그 뜨거운 사랑을 잊지 않고, 내 마음 속에 품고 살겠습니다. 그 고귀한 사랑, 하나님을 경외하고, 어려운 이웃과 나누며 살겠습니다.

주의 영화로운 이름 찬양합니다.

주의 영화로운 이름 송축합니다.

온 땅에 주의 사랑과 영광이 충만 합니다.

이 사순절 십자가의 고난을 지나 부활의 아름다운 영광 피어나게 하시니, 그 은혜 감사, 감사합니다. 빛난 면류관 받기 까지, 험한 십자가 붙들게 하소서.

하나님 사랑하고, 예수님 자랑하고, 성령님 의지하여, 주님 손 잡고 천국까지 순례의 길 가게 하소서.

주님, 이 사순절에 주님 만나 거듭나게 하소서. 아브람이 아브라함으로, 야곱이 이스라엘로, 시몬이 베드로로, 사울이 바울로 거듭나듯이 우리도 거듭나고, 변화 되는 기쁨을 주소서.

특별히 소원하는 것은, 이 사순절에 얍복강가에서 야곱이 기도하는 마음으로 주님 앞에 엎드립니다. 그간 우리는 주님 앞에 눈물이었습니다. 환도 뼈가 부러지는 결단으로 간구하오니, 우리도 야곱이 이스라엘로 거듭나는 기쁨의 눈물을 맛 보게 하소서 주님의 길만 가는, 여호수아의 길로 가게 하소서. 그래서 우리 모두 예수 그리스도의 형상을 닮아가는, 우리의 순례길이 되게 하소서.

거룩하신 하나님!
낙엽처럼 살아온 내 모습 부끄러워, 교만으로 물들이고 내 뜻대로 살다가, 지쳐서 넘어지고, 견디다 못해 쓰러질 때 예수님의 피 묻은 손으로 나를 잡아 주셨습니다.
탕자처럼 살아 온 내 모습이 부끄러워, 내 모습 감추려고 어두운 길 걸었고, 욕심으로 물든 이 몸, 세상 유혹 쫓다가 세상따라 멸시 천대 견디다 못해 쓰러질 때, 예수님의 피 묻은 손으로 나를 감싸 주셨습니다.
잡초처럼 살아 온 내 모습이 부끄러워, 내 모습 감추려고 어두운 밤길 걷다가, 죄악으로 얼룩져 세상길 헤매다가 견디다 못해 쓰러진 이 몸 십자가 보혈의 피로 나를 구원해 주시니 감사합니다.

사순절에 슬기로운 다섯 처녀 같이, 기름을 준비하게 하소서.
사순절에 나 홀로 서있는 죽은 내 영혼 깨우사, 내영을 살게 하소서.
사순절에 부끄러운 내모습, 무릎으로 주님께 기도하오니, 주님 내안에 계서 새롭게 거듭나게 하소서.

사순절에 시들어 가는 내 믿음의 기도, 다시 세워 주소서.

사랑합니다. 나의 예수님! 사랑합니다. 십자가 피 흘려 다 주고 가신 나의 예수님! 사랑합니다. 십자가에서 나를 구원하신, 나의 예수님! 사랑합니다. 십자가의 보혈로 내 죄를 깨끗이 씻어 예수 품 안으로 인도 하셔서, 내게 축복주신 나의 하나님, 사랑합니다.

하나님 우편보좌에 계신 주님!

주의 십자가 보혈의 피로써 내 모든 죄 씻고 흰 눈보다 더 희게 죄를 씻으사 밝은 천국 올라가 주와 함께 영원히 살게 하소서.

구름같은 이 세상 부귀영화 버리고 오직 천국의 복을 사모하며 살겠으니 천국 갈 때 까지 동행하시고 구원 받은 내 이름 보좌 앞에 놓인 어린 양 생명책에 기록하옵소서. 이땅 위에 모든 것이 마지막 이를 때 주여 나를 받아 주소서.

주님 앞에 설 때 귀한 선물 주시고 면류관 쓰게 하소서.

전지전능 하신 창조주 하나님!

대한민국을 북한의 핵 위협과 경제 위협으로부터 주님의 날개 속에 품어 주소서. 이나라, 이민족의 안일을 주께서 지켜 주소서.

북한의 핵을 굶주린 백성의 식량으로 바꿔주소서.
창과 칼을 보습과 낫으로 만들어 주소서.
오직 주님만 바라보면서 이 고난 앞에 우는 민족이 되지 말고
이 고난을 출발점으로 도약 할 수 있는 지혜 있는 민족이 되
게 하시옵소서.
사막에서 헤매는 이스라엘 민족에게 만나와 메추라기로 일용
할 양식을 주시고 낮에는 구름 기둥으로, 밤에는 불기둥으로
인도하셨듯이 우리 민족도 인도해 주실 것을 믿사옵나이다.

예수그리스도께서 친히 저희 신흥교회의 머릿돌이 되셔서 주
님의 사랑과 은혜로 지켜 주옵소서. 오늘 드리는 저희들의 예
배에 몸과 마음을 묶어 드리오니 기뻐 받으시는 산제사가 되
게 하시고 찬양대의 소리가 레바논의 영광과 샤론의 향기를
전하는 귀한 찬송되게 하소서.

말씀 증거 하실 담임 목사님과 함께 하셔서 생명력 넘치는 살
아있는 말씀으로 저희들을 감동케 하옵소서.
마치는 시간까지 오직 주님만이 임재 하셔서 모든 성도들에
게 보슬비 같은 축복 내려 주시옵소서.
십자가의 보혈로 죄에서 우리를 구원하여 주신 존귀하고 거
룩하신 예수 그리스도의 이름으로 기도드리옵니다.

-아멘-

세이브드 (Saved)

– 밥 딜런 (노벨 문학상)

그의 은혜가 나를 만졌네
그의 말씀이 나를 치유했네
그의 손이 나를 구원했네
그의 성령이 나를 둘렀네

By His grace I have been touched,
by His word I have been healed,
by His hand I've been delivered,
by His spirit I've been sealed.

주일대표기도

2016. 04. 24.

〈예수께서 가라사대 나는 부활이요 생명이니, 나를 믿는 자는 죽어도 살겠고, 살아서 믿는 자는 영원히 죽지 아니 하리라〉 아멘!
주여! 시온의 영광이 빛나는 아침, 내가 만민 중에서 주께 감사하오며, 열방중에서 주를 찬송 하리이다.

천지 만물을 창조하시고 주관하시는 하나님! 기쁨과 감사가 넘치는 부활절입니다. 흙에서 생명의 소리가 들려옵니다.
메마른 나뭇가지가 다시 살아나, 잎이 돋고, 꽃이 피었습니다.
산하에 흐드러지게 아름다운 벚꽃, 진달래, 철쭉이 만개하고, 대지에는 파란새싹들이 주님을 찬양하는 이 아침, 이 시간 죽음에서 승리하여, 다시 사신 주님을 찬양하며, 우리 모두 새 생명 얻은 기쁨에 감사하고 수금과 비파로 주님을 찬송합니다.

부활의 새 아침! 우리의 마음도 활짝 핀 목련화처럼, 부활의 영광 넘치게 하소서. 슬픔과 애통이 기쁨이 되는 부활의 아침이 되게 하소서, 부활의 새 아침, 자살폭판, 핵위협, 지진 등 자연 재해로 불안한 지구촌에 은혜로운 사랑으로 천국의 평안을 내리소서. 시온의 영광 비추소서.

갈보리 십자가에 주님을 바라 볼 때, 하나님 크신 사랑에, 너무나 감개무량 할 뿐입니다. 여호와 우리 주여! 주의 이름이 온 땅에 어찌 그리 아름다운지요. 우리가 주님을 사랑하나이다.

인류를 죄에서 구원하신 부활의 하나님!
가장 높은 곳에서 가장 낮은 십자가로 내려 오셔서 자신의 살과 피를 나누어, 우리를 죄와 사망에서 구원해 주시고, 자녀삼아 주셔, 오늘 예배의 자리가 있게 하시니, 존경과 감사와 찬양을 드립니다. 온갖 희롱과 핍박당하시고, 온몸이 채찍으로 핏자국으로 얼룩지고, 머리에 가시면류관이 씌워지고, 녹슨 못으로 손과 발이 찍히시어 십자가에 달리 셨습니다.

참혹한 십자가의 고난이 심어져, 화려하고 아름다운 부활의 꽃이 피었습니다.

십자가의 고난도 우리 때문이고, 부활의 영광도 우리 때문입니다.

이 아침 우리 부활의 영광으로 새 생명 얻었으니 부활의 영광과 기쁨을 찬송합니다.

이 부활의 아침에, 인생길에 낙심했던자, 좌절했던자, 실패했던자 절망에 빠진자, 병약한자들이 새 위로와 새 소망을 발견하고 다시 부활신앙으로 일어나게 하소서.

천사들의 나팔소리, 개선의 깃발 아래 이 새벽, 온 누리는 영광이어라.

오! 오! 승리의 북소리 천지를 울려 성전의 휘장을 찢으신, 힘없는 예수, 골고다에 흘린 보혈, 사랑으로, 사랑으로 이루신 구원, 엘리 엘리 라마 사막다리, 엘리 엘리 라마 사막다리 당신이 죽었다면, 당신이 영영 죽으셨다면 이 죄인이 어이 하였으리!

가두지 못한 무덤, 이기지 못한 죽음 승리의 새벽은 백옥 같은 천사, 흰옷으로 빛나고 그루터기엔 새움이, 밤새 눈물 짓던 소복 입은 여인들은, 4월에 목련화 피고, 샤론의 꽃으로 향기

롭습니다.

승리의 깃발은 높이 들리라!
천둥 같은 함성으로 노래하리라.
부활하신 주님을 찬양하리라.

주님 따라 생명의 길 가게 하소서.
주님 가신 길을 따라 좁은 길로 가게 하소서.
가기 좋은 넓은 길로 많은 사람 갈지라도 멸망으로 가는 길을
나는 가지 아니하고 주님 가신 영생의 길 좁은 길 가게 하소
서.
주님 가신 뒤를 따라 순종하며 가게 하소서.
많은 사람들이 믿음 없이 낡은 길로 갈지라도 멸망으로 가는
길을 저희는 가지 아니하고 주님 가신 생명의 길, 좁은 길로
가게 하소서.

주님 가신 진실한길, 의의 길로 가게 하소서,
좁은 문과 좁은 길은 십자가의 길이오니
영생 영광 바라보며 천국 가는 길이오니
죽기까지 주님 가신 길을 따라 가게 하소서.

자비하신 하나님!
사월의 나무들이 뿌리가 깊어지고
가지가 쭉쭉 뻗은 것처럼
저희의 믿음의 뿌리가 든든하게 하시고, 저희들의 소망이 하늘을 향하여 자라나게 하옵소서.
질병과 육신의 장애로 고통당하는 사람들을 따뜻한 사랑으로 어루만지셨던 주님!
오늘, 우리의 이웃 중에도 주님의 손길을 기다리는 많은 사람들이 있습니다.
그 고통을 주님의 치료의 손길로 어루만져 주옵소서.
연로하신 성도들을 위하여 기도합니다.
저희들의 남은 여생을 주님의 뜻에 맡깁니다.
저희가 하늘나라 갈 때까지, 강 같은 평화 넘치게 하소서.
샘솟는 기쁨주소서.
이 생명 다할 때 천국의 생명수 샘으로 인도하시어, 눈물을 씻어 주시리라는 계시록 말씀을 기다리며, 그날 까지 이 땅에서 십자가의 고난을 기쁨으로 받아들이는 믿음 주옵소서.

이 시간 말씀을 증거하실 목사님과 교역자님들에게 새 힘을 주시고 성령의 권능으로 인도하여 주옵소서.

교회의 각 기관들마다 붙잡아 주셔서 주님 영광 나타나게 하시며 아름다운 목소리로 찬양을 드리는 성가대 위에 축복하시고 그들의 정성도 기억하여 주시옵소서.

예수 죽음 내 죽음, 예수 부활 내 부활, 예수 승천 내승천, 예수천국이 내 천국임을 믿습니다.

우리가 부활하는 날 주님의 은혜로 우리 모두 세마포 옷을 입고 주님의 보좌 앞에 나가게 하소서.

이 시간 드리는 예배의 향기가 보좌에 올라가기를 간절히 소원하오며 우리의 빈잔을 그리스도의 보혈로 채워 주시옵소서.

부활하신 예수님의 이름으로 기도 드립니다.

-아멘-

구세주이신 예수님께

- 이해인

어서 오십시오 예수님
오늘도 애타게
당신을 기다립니다.

인류의 기다림이고
세상의 그리움이신 예수님
우리의 구세주이신 예수님
오서 오십시오.

엠마누엘이신 예수님
어느새 함께 사는 법을
잊어버린 우리에게
함께 사는 법을 가르쳐 주십시오.
말씀이신 예수님
늘 할 말이 많으면서도
무슨 말을 해야 할지 모르고
방황하는 우리에게
참된 말씀이 되어 주십시오

주일대표기도(1)

2016. 06. 05

"내가 아버지께 구하겠으니 그가 또 다른 보혜사를 너희에게
주사 영원토록 너희와 함께 있게 하리니, 내가 너희를 고아와
같이 버려두지 아니하고 너희에게 오리라"(요한 14:16,18)

하나님! 예수님! 성령님!
거룩 거룩하신 주 이름 찬송합니다!
호산나! 호산나! 주이름 찬송합니다. 아멘!
우리 안에 성령으로 임재 하시어, 구원의 길로 인도하시니 감
사합니다. 이땅에 황무함을 보고 우리 모두 회개합니다. 우리
죄를 성령의 불로 태워 주시고 보혈의 피로 씻어 주소서 보혜
사 성령님 함께 하시는 아름다운 6월의 아침 주님을 찬양 합
니다.

산야에는 흰 함박눈처럼 소복하게 나무 전체를 뒤덮은 하얀 이팝나무꽃, 희고 붉은 철쭉과 장미꽃이 아름답게 활짝 피는 실록의 계절입니다.

벌이 꽃을 찾고 , 나비가 춤을 추고, 뻐꾸기가 구슬프게 우는 싱그러운 이 아침 우리 마음에도 시와 꽃과 초록의 활력이 넘치기를 바라면서, 성령강림에 주님 영광 받으옵소서.

부활하신 하나님은 약속대로 성령을 보내주셨습니다.

부활하신 주께서 말씀하셨습니다. "성령 받아라!

은혜 중에 은혜는 성령을 받는 것인줄 믿습니다.

이 아침 성령님의 음성을 듣고, 성령의 장미 빛 속으로 인도 받는 귀한시간 되게 하소서.

의인(욥)은 말했습니다(욥기 33:4).

'하나님의 영이 나를 지으셨고, 전능자의 기운이 나를 살리시니라!

(사도바울)은 (로마서 8:4.12) 무릇 하나님의 영으로 인도함을 받는 사람은 곧 하나님의 아들이라.

성령이 친히 우리의 영과 더불어 우리가 하나님의 자녀인 것을 증언하시나니 라고 하였습니다.

수제자 (베드로)는 성령을 받아 앉은뱅이와 중풍병자를 일으켜 세우시고, 설교할 때 3,000명이 예수 믿는 기적을 이루었습니다.

주님은 "너희에게 성령이 임하시면 너희가 권능을 받고 예루살렘과 온유다와 사마리아와 땅 끝까지 이르러 내증인이 된다고 하셨습니다."

이 아침 물과 성령으로 거듭나, 하나님의 자녀로 주님계신 하나님 나라 볼 수 있게 하소서.

저희 마음에 성령의 단비 내려, 30배, 60배 믿음의 결실을 맺게 하소서.

성령님의 은혜가 우리에게 임하시어 영생복락 누리게 하옵소서.

"볼지어다. 내가 문 밖에 서서 두드리노니 누구든지 내음성을 듣고 문을 열면, 내가 그에게로 들어가 그와 더불어 먹고, 그는 나와 더불어 먹으리라"(계3:20).

우리를 인도하시는 보혜사 성령님!

사람에게는 하나님만이 채울 수 있는 마음의 빈공간이 있다고 철학자 파스칼은 말했습니다. 하나님 없이 세상을 산다는 것은 구멍 난 배로, 바다를 항해하는 것과 같다고 했습니다. 세상의 것을 계속 싣고, 세상의 것으로 채워서, 이 구멍을 막아 보려 하지만, 배는 점점 가라앉을 뿐입니다.

보혜사 성령께서 내 마음속에 들어오셔서, 우리와 더불어 먹고 마실 때, 우리의 허무한 빈 마음에 성령이 충만해 짐을 믿습니다.

문밖에 서서 두드리고, 계시는 성령님을 삶의 중심으로 모시게 하소서.

예수님은 우리 인생의 주인이시며, 거친 인생의 바다를 헤쳐나갈 유일한 구세주이심을 믿습니다.

주님은 우리에게 이 세상 단 하루의 일시적 행복이 아니라, 주님과 함께 영원한 행복을 주셨습니다.

이 아침 빈들에 마른풀같이 시들은 나의 영혼위에 주님께서 약속하신 성령의 단비 내려 주시어 새 생명 주시옵소서! 갈급한 내 마음에 봄비처럼 보혜사 성령 부어주소서.

"성령의 은사를 부어 주소서"

성령의 은사를 부어주시어, 검은 죄로 물든 마음 흰 눈보다 깨끗케 하소서.

성령의 은사 부어주시어, 의심,걱정,슬픈탄식 변하여 기쁜 찬송 되게 하소서.

성령의 은사 부어주시어, 마가 다락방 성령체험 통해 우리 모두 거듭나게 하소서.

성령의 은사 부어주시어, 어렵고 힘든 인생길, 보혜사 성령께서 동행해 주시어, 천국의 소망을 잊지 않고, 순례의길 가게 하소서.

"성령이여 강림 하소서."

성령이여 강림하사, 답답한 삶에 환한 생명의 빛을 비춰 주소서.

성령이여 강림하사, 보혜사 성령의 능력으로 신명나는 삶을 살게 하소서.

성령이여 강림하사, 찬송 부를 때 기쁨과 평강의 복을 내려주소서.

성령이여 강림하사, 기도드릴 때 천사의 손길로 인도 하소서.

성령이여 강림하사, 성경 읽을 때, 그 속에서 진리의 빛 발견하게 하소서.

성령이여 강림하사, 병상에 있는 성도, 하루빨리 치유해 주소서.

맹물같은 내 인생에 기적이 일어나려면 성령님이 내안에 강림하셔야 합니다. 성령님이 내안에 손님이 아니라, 주인이 되어 주옵소서. 주인으로 섬기게 하옵소서.

우리 신흥교회 20구역 전가정 마다 성령안에서 의와 평강과 기쁨이 넘치게 하소서.

우리 신앙이 보혜사 성령님의 인도로 종려나무와 같이 번성하며, 레바논의 백향목 같이 자라나게 하소서, 우리 자녀가 믿음 안에 자신을 세우고, 주님의 사랑 안에 머물게 하소서.

우리나라와 교회와 가정에 성령의 단비, 은혜의 단비 내리게 하소서. 성령이여 강림하사, 핵 위협으로 부터 지켜주시고, 막아주시고 남북통일이 되게 하소서.

보혜사 성령님!

노숙자, 실직자, 병으로 고생하는 자, 고아들과 과부, 특별히 북한 동포를 주님의 날개 속에 품어 주소서.

이 나라와 민족이 열방가운데 소망이 되게 하소서.

연로하신 성도들, 몸도 마음도 연약하오나 지금까지 주님의 은혜로 살았습니다. 남은 여생도 성령님 인도로 주님의 손을 굳게 잡고 찬송하며 천국가게 하소서. 주님 다시 뵈올 날이 날로 날로 다가와 무거운 짐, 주께 다 맡기고, 나를 위해 예비하신 고향집에 돌아가 아버지의 품안에서 영원토록 주님과 살 것을 믿사옵나이다.

우리를 푸른 초장으로 인도하시는 담임 목사님을 성령으로 붙들어 주시어 선포되는 말씀이 옥토에 떨어져 복음의 단비에 흠뻑 젖고 가는 시간 되게 하소서.

이 시간 드리는 성가대의 찬양이 하늘나라에 메아리 치게 하소서. 성령님의 은혜와 축복과 치유가 우리 안에 가득하기를 기원하며 우리를 구원해 주신 예수 그리스도의 이름으로 기도합니다.

-아멘-

기쁨이신 예수님께

- 이해인

기쁨이신 예수님
당신이 기쁨이어서
이제는 제 이름 또한 기쁨입니다.
눈물 없는 환한 웃음만이
기쁨의 표현은 아닐 테지요?
아픔과 상처 또한
당신 안에서
기쁨으로 변화되는 기적을
말로는 표현하기 어렵습니다.

살아있는 나날
당신과 함께
기쁨으로 집을 짓게 하소서
당신이 사랑하는 많은 사람들을
이집에 데려오는 기쁨으로
행복하게 하소서

응답받고 은혜 받는

주일대표기도(2)

2016. 07. 17.

이 아침 주님의 높고 위대하심을, 내 영혼이 찬양합니다.

주님은, 저 산 밑에 백합화요, 빛나는 새벽별이십니다. 이땅위에 비길 것이 없습니다. 내 주는, 나를 지키는 높은 산성이요, 방패시니, 경배와 찬양을 받으소서.

벌써 모란은 지고, 먼 산에 애절한 소쩍새 울음소리와 청포도 익어가는 7월의 한여름입니다.

바람 소리, 빗 소리, 새 소리 등 생명의 소리 들으며 주일을 맞게 하시니 감사합니다.

밭에는 가지, 오이, 고추, 방울토마토, 옥수수등, 주님 주시는 초록의 풍성한 선물이 여름을 빛내고 있습니다.

오늘 아침, 보혜사 성령님 인도로, 주님의 보좌 앞에 엎드렸습니다.

이제 경건한 마음으로, 찬송하며, 이 추한 마음, 보혈의 피로써, 정결케 하소서. 이 아침, 우리의 죄의 옷을 벗겨 주시고, 주님의 의로운 옷으로 입혀주소서.

이 시간, 우리 마음의 귀, 열어 주시어, 주님의 세미한 음성, 생명의 말씀, 듣게 하소서.

주의 길을 따라, 좌로나 우로나 치우치지 않게 하시고, 이 여름 부지런한 농부처럼 최선을 다하게 하소서. 삭개오 처럼 오늘도 내일도 주님만 바라보며 살게 하소서. 삭개오의 회개와 결단을 우리가 본받게 하소서. 평생동안 하나님과 동행한 에녹처럼 우리도 동행하여, 하나님을 기쁘게 하는자 되게 하소서.

하나님! 내가 누구인지 알게 하소서!

주여, 나로 기억하게 하소서. 깨닫게 하소서. 내가 사랑하는 것들, 내가 마음을 다해 붙잡은 것들, 모두가, 빌려온 것이고, 내 것이라고는 하나도 없음을 기억하게 하소서. 주께서, 잠시 그것들을 사용하도록, 허용한 것뿐임을 깨닫게 하소서.

그러니, 주님! 나도 이 사실을 잊지 않게 하소서.

때때로 묵상하며 걸을 때, 나를 어디서부터 이끄셨고, 어디에 있었는지? 알게 하소서.

주여 기억해 주소서. 나는 연약한 인간 피조물에 지나지 않음을, 깨닫게 하소서.

그러니, 주님 나도 지극히 작고 작은 보잘 것 없는, 주님 없이는 살수 없는, 미생물임을 잊어버리지 않게 하소서.

내가 세상에서 행한 모든 것들, 감히 하나님의 독생자를 받을 자격이 없음도 알게 하소서.

내 주님의 손에 상처를 받을 만한 자격이 없음도 기억하게 하소서. 그러나, 주님께서 내 대신 죽기 위하여, 갈보리 언덕의 십자가를 선택하셨음을 알게 하소서.

왜 주님께서 날 사랑 하는지? 난 이해 할 수 없지만, 때때로 묵상하며 걸을 때 성령님 깨닫게 하소서.

나를 어디서부터 이끄셨고, 어디로 가고 있는지, 보혜사 성령님 보여주소서.

누가 우리를 하나님의 사랑으로부터 끊으리오.

주의 사랑과 은총이 온 누리에 충만합니다.

주여! 지금 어디계십니까?

이 죄인 만나 주소서! 하나님 아버지 이 시간 인자하심과 성령 충만으로, 주님 사막 같은 인생길이오나, 내손잡고 동행하시니, 그 길이 꽃길임을 알게 하소서. 전세계가 분열과 폭탄테러, 종교와 이념, 천재지변으로 눈물이 가득합니다. 이땅을 불쌍히 여겨 주소서. 나라의 잘못을, 자신의 잘못으로 알고 눈물

로 기도하던 느헤미야의 기도가 이시대 우리의 기도가 되게
하소서.

전능하신 하나님 아버지

북한 핵 위협과 어려운 경제로부터 이 나라를 눈동자와 같이
보호해 주소서. 대한민국에서 믿음의 촛불을 옮기지 않게 하
소서. 세계 107번 째로 작은 나라 대한민국을 아시아의 제사
장 나라로 세워 주심을 감사합니다. 세계 만방에 복음의 나팔
을 높이 부는 위대한 대한민국이 되게 하소서.

이 나라 젊은 세대, 다음 세대들이 하나님을 경외하고, 하나님
의 의를 위해 살게 하소서. 경제적으로 어려운 이때, 서민과
자영업자를 긍휼히 여기사, 고난과 시련을 사랑과 용기로 극
복할 수 있는 힘을 주소서.

우리 가정을 위해 기도합니다.

우리 신흥교회 성도들의 모든 마음에 옥토가 되어 30배, 60배
풍성한 열매 맺게 하소서. 가정마다, 사업장마다 물질의 축복
을 더해 주소서. 늘 깨어 있는 믿음으로 살게 하소서. 삶속에
서 온전히 순종하며 살게 하소서. 항상 깨어 기도하며, 거룩한
기름 준비하여, 주님 맞을 등불, 준비 하게 하소서. 피고 지는
꽃처럼, 퍼내고 나면 다시 솟는 샘물처럼, 우리 가정에 구원의

기쁨이 넘치게 하소서.

주님의 사랑과 은총이 모든 가정에 가득하게 하소서.

특히 연로하신 성도님들에게 보혜사 성령님 함께 하셔서 지혜와 건강의 축복주시고 하늘나라 갈 때까지 그 순례길이 주님께 영광 드리는 아름다운 황혼이 되게 하소서. 성령이여, 천국가는 그날 까지 주여 지켜주시어 이세상 순례길 마치는 날, 생명 예수 바라보며 찬송하면서, 하늘나라 들어가게 하소서.

이 무더위에 병상에서 신음하는 우리 성도를 하루빨리 치유해 주시고 여러 가지 일로 고통을 겪고 있는 형제자매에게 성령의 단비를 충만히 부어 주시사, 주님의 사랑 안에서 기쁨이 넘치는 생활이 되게 하소서. 말씀 증거하시는 목사님께 기름 부어 주셔서, 선포되는 말씀을 통해 모든 성도들이 하나님의 음성을 듣고, 소망과 기쁨과 성령 충만함을 받게 하여 주옵소서. 찬양으로 영광 돌리는 성가대와 각 부서위에 하늘의 신령한 은혜가 넘쳐나게 하옵소서. 이 예배를 통하여 주님 영광 받으옵소서. 오늘도 나사렛예수 이름으로 승리케 하심을 감사하오며 우리를 구원하신 예수 이름으로 기도합니다.

-아멘-

돌아보면 혼자인데...

– 곽 현 덕

돌아보면 혼자인데
기도하니 주님께서 동행하십니다.

돌아보면 가진 것 없는데
기도하니 천국이 나의 것입니다.

돌아보면 나약한데
기도하니 주님의 자녀입니다.

돌아보면 사방이 막혀있는데
기도하니 하늘문이 열려 있습니다.

돌아보면 세상이 막막한데
기도하니 영원한 영생과 생명입니다.

돌아보면 내가 한 것 같은데
알고 보니 하나님이 하신 것입니다.

주일대표기도

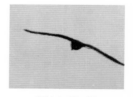

2016. 08. 28.

저희에게 구원을 주시고 보증으로 성령을 우리에게 주신 이는 하나님이시니라(고후 5:5).

8월 찌는 듯한 무더위 속에서 저희를 은혜의 날개로 보호해 주시고, 주님 제단에서 기쁨의 아침을 맞게 하시니 감사와 찬양과 영광을 돌립니다.

25년 만의 폭염을 지나면서 다시한번 저희의 육신이 얼마나 나약한지 깨닫게 되었습니다. 지혜와 건강을 위해 늘 깨어 기도 할 수 있도록, 성령의 하나님 허락해 주소서.
사랑의 하나님! 절망이 지나면 주님의 희망이 있습니다.

아픔이 지나가면, 주님의 위로가 있습니다.
그러므로 오직 여호와 하나님으로 기뻐하고, 구원의 하나님으로 즐거워 하게 하소서.

이 아침 더 깊이, 더 멀리, 더 가까이 하나님 세계에 들어가 주님의 포근한 사랑 속에 은혜의 강가에 머물기를 원합니다.

저희들이 저지른 죄의 모습을 봅니다.
절제하지 못하고, 혈기를 일삼으며 살았던 날들을 고백하오니 용서해 주시옵소서.
하나님의 자녀된 신분으로 세상을 이기지 못했음을 회개 하오니, 주님의 보혈의 피로 깨끗케 하시옵소서.

이아침 주님, 주신 새 생명, 내 맘에 강같이 흐르고 하늘의 은혜와 평강을 이 예배 통해 맛보게 하소서.
험난한 세상길 걸어가면서, 피곤하고 지친 내 영혼을 주의 사랑이 있는곳, 은혜의 강가 신흥교회로 인도해 주심을 감사합니다.
주님 따라 가는 길, 험하고 멀어도 찬송을 부르며 주를 모시고, 날마다 섬기며, 영원히 살게 하소서.

주 은혜 감사를 드립니다.

하루 하루 살아 가는 것이 얼마나 소중하며 감사한 마음으로 아침을 맞이하게 하시고 하루를 허락하시니 감사를 드립니다.

뭉게구름이 떠다니는 파란 하늘을 보고, 넓고 푸른 바다를 보며, 깊고 푸르게 살고 싶은 소망 주심에 감사를 드립니다.

한평생 가는 길 험하고, 거친 풍랑도 만나지만 여호와 하나님 늘 동행 하시니 감사를 드립니다.

부족한 저희들 하나님 자녀 삼아주시고, 하나님의 일꾼으로 사용해 주시니 감사드립니다.

신나는 노래 할 수 있는 상황은 아니지만, 어려울 때 마다 엎드려 기도할 수 있는 은총 주심에 감사드립니다.

영국시인 리디어드 커폴링이 만일, 인생길에서 성공과 실패를 같은 것으로 받아들일 수 있다면 세상이 너희것이라고 했듯이 기쁨만 아니라, 슬픔도 껴안고 가게 하소서.
성공만 아니라, 실패도 사랑하는 마음 주소서.
가진 것만 아니라, 없는 것에도 감사하게 하소서.
건강만이 아니라, 아픔도 사랑으로 안고 가게 하소서.
생명만 아니라, 죽음까지도 예수그리스도 때문에 범사에 감사하게 하소서.

돌아보면 혼자인데
기도하니 주님께서 동행하십니다.

돌아보면 가진 것 없는데
기도하니 천국이 나의 것입니다.

돌아보면 나약한데
기도하니 주님의 자녀입니다.

돌아보면 사방이 막혀있는데
기도하니 하늘 문이 열려 있습니다.

돌아보면 세상이 막막한데
기도하니 영원한 영생과 생명입니다.

돌아보면 내가 한 것 같은데
알고 보니 하나님이 하신 것입니다.

다가오는 가을에는 선한 열매 맺도록, 말씀의 거름 주시고
성령의 단비 주시고, 은혜의 햇살을 비추어 주시어
더 풍성한 기도의 열매를 맺게 하소서.

이 나라와 민족을 위해 기도합니다.
이 나라가 이기심과 탐욕이 넘쳐, 부패의 온상이 되고 있습니다.
주님의 공의와 정의가 정오의 빛처럼 우리사회 구석구석에
살아 넘치게 하소서.

우리의 젊은 세대를 성령으로 기름 부어 주셔서
하늘에 소망을 두고 비전과 꿈이 넘치게 하소서.

우리 신흥교회 20구역 전 가정에 주님 주시는 행복이 가득하게 하소서.
여기에 모여 예배드리는 한 사람 한 사람마다 신령한 은혜를
체험하는 시간이 되게 하옵소서.

양무리 등을 보살피는 교역자들에게 성령의 은총을 늘 베 푸시옵소서.

특별히 말씀을 강론하시는 목사님을 붙드시고, 말씀을 통하여 새로운 눈을 떠서 새 하늘과 새 땅을 바라보는 귀한 시간 되게 하소서.

세우신 종을 통하여 하늘의 음성을 들려주시옵소서.

찬양으로 영광 돌리는 성가대와 각 부서위에 하늘의 신령한 은혜가 넘쳐나게 하옵소서. 이 예배를 통하여 주님 영광 받으옵소서. 우리를 사망에서 구원하신 예수님의 존귀한 이름 받들어 기도합니다.

-아멘-

귀천

- 천상병

나 하늘로 돌아가리라
새벽빛와 닿으면 스러지는
이슬 더불어 손에 손을 잡고,

나 하늘로 돌아가리라
노을빛 함께 단 둘이서
기슭에서 놀다가 구름 손짓하며는,

나 하늘로 돌아가리라
아름다운 이 세상 소풍 끝내는 날,

가서, 아름다웠더라고 말하리라.....

주일대표기도

2016. 09. 18.

천지 만물을 창조하시고 계절을 따라 풍성한 은혜를 허락하여 주시는 여호와 하나님 아버지!

들녘에서는 가을의 소리가 들려옵니다.

여름의 무더위와 폭우에도 알알이 영그는 오곡백화를 보면서 주님의 손길에 감사와 찬양을 드립니다.

특별히 한가위 명절을 맞이하여 고향을 찾고 조상님의 의미를 되새겨 보도록 인도해 주심을 감사드립니다. 그러나 이 추석 명절에도 가고 싶은 고향 보고 싶은 형제는 만나지 못하고, 타향에서 떠도는 외로운 노숙자들과 탈북자들을 붙잡아 주시고 위로해 주소서.

언제나 우리와 함께 하시는 하나님!

풀벌레 소리가 우리의 귓전을 울릴 때, 우리 인생에도 가을이 있다는 사실을 깨닫고, 주님 앞에 겸손히 기도드립니다.

지난 한 주간도 주님을 전지전능하다고 하면서도, 열심히 기도하지 않았고, 주님은 길이요 생명이라고 하면서, 그 길을 방황하였고, 주님을 빛이라고 하면서, 세상속에서 어둠 속을 헤메고 다녔습니다.

이 시간 회개하오니, 주님의 크신 사랑으로 용서하여 주옵소서.

언제나 하나님 아버지를 부르면 좌절하고 실망 속에서도 힘이 솟아 납니다.

하나님을 바라보면, 어둠 속에서도 빛이 보이기 시작합니다.

하나님!

하나님 아버지 옆에 있으면, 우리는 어떠한 고난도 두렵지 않습니다. 하나님께 귀를 기울이면, 늘 소망의 소리가 들려옵니다.

이 아침, 저희들 마음 문을 활짝 열어주시고 은혜의 팔로 붙잡아 주소서.

사랑과 은혜가 풍성하신 하나님 아버지!

이 가을 우리들의 신앙도 저 들녘의 곡식처럼 더욱 성숙하게 해 주시고, 확신과 감사함으로 늘 실천하는 성도되게 인도해 주소서. 어려울 때 더욱더 기도하고, 슬픔가운데 소망과 용기를 잃지 않는 강한 믿음의 식구들 되게 해 주시옵소서.

무엇이 하나님을 기쁘시게 해드리는 일인가를 먼저 생각하는 우리들의 지혜로운 생활되게 하소서.

주님의 기쁨이 곧 우리들의 기쁨임을 깨닫게 해주시옵소서.

구원의 하나님!

전주 도성에 주님의 몸 된 교회, 신흥교회를 반석위에 세워주셨사오니 늘 하나님의 영광이 머무는 신흥 교회되게 하시고 성도들이 주 안에서 죽도록 충성 다 할 수 있도록 성령님 함께 하사 성령의 열매가 주렁주렁 맺게 하옵소서.

모든 성도가 사랑으로 하나 되어 은혜가 넘치는 초대 교회의 모습을 닮게 하옵소서.

이 시대 전주 도성에 구원의 방주되어 우리 교회에 발을 들여놓는 사람마다 구원받고, 하나님의 귀한 자녀로 천국에서 면류관을 받게 인도하옵소서.

우리 성도들 지혜로운 다섯 처녀같이, 기름 등불 예비하게 합소서.

염소처럼 살게 마시고, 양처럼 부름 받는 자 되게 하시고, 다섯 달란트 받은 자처럼 충성하게 하옵소서.

나이가 많아 육신의 질병으로 힘들고 고통스러울 지라도

늘 하나님의 은혜의 줄에서 끊어지지 않게 하시고
발걸음마다 눈동자처럼 보살펴 주옵소서.
하늘나라 갈 때 까지 두 발로 달려 갈 수 있게 건강의 축복주
시고,
그리스도의 향기와 미소를 간직하고, 자녀들 앞에서도
마지막까지 성도로서의 존귀함을 잊지 않게 하소서.

주께서 말씀하셨습니다. '그러므로 우리가 낙심하지 아니하
노니, 겉사람은 후패하나 우리의 속사람은 날로 새롭도다'
지금도 각기 맡겨진 처소에서, 제단의 구석구석에서 소리 없
이 수고하고 애쓰는 종들에게 영육 간에 강건케 하시고 저들
의 마음속에 주님의 은혜로 기쁨과 감사가 충만하게 하옵소
서.
단위에 세우신 목사님과 목회자들에게 권능과 능력을 주시어
갈급한 양떼들에게 생명수를 먹이는 선한 목자 되게 항상 인
도 합소서.
이 시간 성가대의 귀한 찬양과 감사로 주님의 궁전에 들어가,
주님을 송축하는 귀한 시간되게 하소서.

우리를 사망에서 영생을 얻게 하시고, 심판에 이르지 않게 구
원해 주신 예수 그리스도의 존귀한 이름 받들어 기도합니다.
-아멘-

찬 송

- 존 헨리 뉴먼

내 갈 길 멀고 밤은 깊은데
빛 되신 주
저 본향 집을 향해 가는 길
비추소서
내 가는 길 다 알지 못하나
한 걸음씩 늘 인도 하소서

찬 송
날마다 숨 쉬는 순간마다
내 앞에 어려운 일 보네
주님 앞에 이 몸을 맡길 때
슬픔 없네 두려움 없네

찬송
시련을 당할 때, 하나님은 늘 함께 하시네
무거운 짐을 질 때, 하나님은 늘 함께 지시네
슬픔을 당할 때, 하나님이 나누어 주시네
매 순간마다 하나님은 우리를 돌보시네

주일대표기도

2016. 10. 09.

"하나님이 그 지으신 모든 것을 보시니, 보시기에 심히 좋았
더라
저녁이 되며, 아침이 되니, 이는 여섯째 날이니라.
천지와 만물이 다 이루니라(창 1: 31). -아멘-"

말씀으로 세상을 지으시고, 말씀으로 역사를 주관하시는 전
능하신 하나님!
말씀으로 거듭나게 하시고, 은혜 가운데 늘 보호해 주심을 감
사드립니다. 오늘도 생명의 말씀 주시고자, 우리들을 기억하
시고, 택하시어, 주님의 제단에 불러 주심을 감사드립니다.
주시는 이도 하나님 이시오, 거둬가시는 이도 하나님 이시니

내가 숨쉬는 동안, 주님위해 감사 찬양하게 하소서.

어느덧 우리의 날이 화살같이 지나가, 형용할 수 없는 아름다운 색깔로 물든 가을 단풍과 은빛같이 찬란한 억세 들판을 바라보면서, 창조주의 오묘하신 섭리를 깨닫게 하시니 감사합니다.

높디 높은 가을 하늘, 나의 마음도 푸른 하늘이 되게 하소서. 당신을 사랑하는 나의 마음도 단풍이 되어, 하나님께 영광 드리게 하소서.

나의 온전한 삶을, 하나님의 사랑의 도구로 써주소서!

지금 이 시간 하나님 나라를 사모하는 성도들이 모였사오니, 예배가운데 주님의 음성을 느끼고, 주님의 거룩하심을 만날 수 있는 시간 되게 하소서. 어제는 어디서 와서 어디로 가는지? 알지 못하였으나 이제는 하나님께서 와서 하나님께로써 돌아감을 알았습니다. 모든예배에 기도와 찬양과 말씀으로 하나님께 더 가까이 나아가게 하소서.

자비하신 하나님!

가을의 중턱에 서서 조용히, 우리의 신앙생활의 모든 것을 되돌아 볼 수 있게 하옵소서.

세상의 온갖 것들로 치장된 허물과 껍데기는 벗어버리고, 주님의 창조하신 원래의 모습으로 돌아가게 하소서.

나의 허물로 아파할 하나님의 마음, 이 시간 저의 기도로 위안 받기 원합니다.

주여! 저의 기도에 진실함이 있게 하소서.

하나님을 슬프게 하는, 저의 행실로 마음 아파 기도하는 이 시간, 오늘도 주님을 슬프게 하는 어쩔 수 없는 저의 무기력함에 회개의 눈물 흘립니다.

눈물을 닦아 주시고, 진실로 용서하는 시간되게 하시고, 하나님의 사랑 영원히 기억하게 하소서.

목적 있는 삶으로 이끌어 주옵소서.

언제나 우리와 함께 하시는 하나님!

하나님을 부르면, 연약함 속에서도 힘이 솟아 납니다. 하나님을 바라보면 어둠 속에서도 빛이 보입니다. 하나님! 하나님이 옆에 계시면, 우리는 어떠한 고난도 두렵지가 않습니다. 하나님께 귀를 기울이면, 늘 소망의 소리가 들립니다. 하나님을 의지 하면, 우리 마음은 화평과 사랑이 넘칩니다. 나의 가엾은 삶을 긍휼히 여겨 주시고, 하나님 아버지의 품속으로 인도하소서. 오늘은 임마누엘 하나님, 내일은 여호와 이래 하나님이 인도하시사, 여호와 닛쉬로 승리할줄 믿습니다.

나라를 위해 기도합니다.

아버지 하나님, 이 시간 간절히 비옵니다.

다시는 이 땅에 전쟁이 일어나지 않도록 도와주시옵소서.

역사의 주인 되시는 주님. 평화의 왕이신 주님. 핵이 없는 삼천리 금수강산이 되게 하소서.

하나님의 역사 가운데, 그 동안 저 북녘 땅에도 미약하나마 교회가 세워졌음을 감사드립니다. 비록 시작은 미약하지만 창대케 하실 것을 믿사오니, 축복하셔서 날로 부흥 발전케 해 주시옵소서.

주님을 믿는 그들에게 특별히 힘주시고, 그들의 기도가 북한 땅 곳곳에 울려 퍼지도록 역사해 주시옵소서.

북한 땅 곳곳마다 김일성, 김정일 동상 대신, 십자가가 우뚝 솟아나는, 놀라운 역사를 하루속히 이루어 주시고 예수 안에서 통일되게 하소서.

수험생을 위해 기도합니다.

여호수아의 길을 인도하신 하나님! 수능시험과 연합고사를 앞둔 학생들이 있습니다.

저들에게 지혜와 건강으로 승리의 길로 인도하여 주옵소서.

좋은 학교, 참으로 주님이 원하시는 학교에 진학하는 영광이 있게 하옵시고, 그들의 삶 전체가 예수의 향기로 빛나게 하여 주옵소서.

믿지 않는 자들을 위하여 기도합니다.

아더번즈의 기도를 되새겨 봅시다.

주님! 유대인들이 예수그리스도를 알기위해 기도합니다.

회교도들이 예수그리스도를 알기위해 기도합니다.

불교인들이 예수그리스도를 알기위해 기도합니다.

북한 동포들이, 중국인들이, 일본인들이, 세계 도처에 믿지 않는 사람들이 주님을 알기위해 기도합니다.

주님! 특별히 그리스도인들이 예수 그리스도를 더욱 사랑하기를 기도합니다.

성도들을 위하여 기도합니다.

우리 성도들 중에 광야 같은 세상 살아가면서 태풍으로 지진으로 고난을 당하시는 분들, 사업에 실패한 분, 자식문제, 학교문제로 고민하시는 분, 혹은 건강이 나쁘신 분, 갑작스런 재난으로 고통과 실의에 빠진 분 있으면, 이 시간 특별히 보살펴 어루만져 주시옵소서. 흔히 세상적인 눈으로 볼 때는 불행하고 실패한 것도, 하나님 보시기에는 성공으로 가는 연단의 길임을 믿습니다. 아브라함과 요셉처럼 어려울수록 강한 믿음으로 이겨낼 수 있도록 힘 주시고, 용기와 지혜 주시어, 순종으로 성공하는 삶 되게 붙들어 주시옵소서.

말씀을 증거 하시는 목사님에게 기름 부어 주셔서, 선포되는 말씀을 통해 모든 성도들이 하나님의 음성을 듣고 은혜의 강물이 넘치게 하소서.

예배를 도와 신령한 노래로 주님께 찬양 드리는 성가대에 함께 하시며, 모든 예배위원들에게 성령으로 함께 하여 주옵소서.

이 자리에 참석하지 못한 성도들이 어디서 무엇을 하든지 모두 기억해 주시옵고 특별히 위로 해 주시옵소서. 이땅에서 수고하고 마치는날 '잘하였도다 충성된 종아' 우리모두 칭찬 받게 하소서.

예배를 통하여 주님 영광 받으옵소서.

나의 새벽하늘이 되어 주시는 예수님의 이름으로 기도합니다.

-아멘-

가을의 기도

- 김현승

가을에는
기도하게 하소서……
낙엽들이 지는 때를 기다려 내게 주신
겸허한 모국어로 나를 채우소서.

가을에는
사랑하게 하소서……

오직 한 사람을 택하게 하소서.
가장 아름다운 열매를 위하여
이 비옥한 시간을 가꾸게 하소서.

가을에는 호올로 있게 하소서 ……

나의 영혼,
굽이치는 바다와
백합의 골짜기를 지나,
마른 나뭇가지 위에 다다른 까마귀 같이

응답받고 은혜 받는

주일대표기도

2016. 11. 20.

내가 여호와를 기다리고, 기다렸더니, 귀를 기울이사
나의 부르짖음을 들으시고,
나를 기가 막힐 웅덩이와, 수렁에서 끌어 올리시고,
내발을 반석위에 두사, 내 걸음을 견고케 하셨도다.

-아멘-(시편 40:1~2)

말씀으로 세상을 지으시고, 말씀으로 역사를 주관하시는 전
능하신 하나님! 말씀으로 거듭나게 하시고, 은혜 가운데 늘
보호해 주심을 감사드립니다.
오늘 주님의 날에 〈죄인 중에 내가 괴수니라〉는 바울사도의
고백을 생각하며, 주님 앞에 섰습니다.

이 아침 죄악을 벗어 버리려고, 주님 앞에 나아왔습니다.

주여! 불쌍히 여겨주소서!
이 아침 영광의 찬송 부르려고, 하늘의 기쁨 맛보려고, 이 아침 주님 앞에 엎드렸습니다.
영광의 주를 뵈오려고, 이 아침 주님 앞에 머리 숙였습니다.
어느덧 우리의 날이 화살 같이 지나가, 형용할 수 없는 아름다운 색깔로 물든 마지막 잎새와 은빛 같이 찬란한 억세 들판을 바라보면서, 창조주의 오묘하신 섭리를 깨닫게 하시니 감사합니다.
지금 이 시간 하나님 나라를 사모하는 성도들이 모였사오니, 예배가운데 아름다운 주님의 음성을 듣고, 주님의 거룩하심을 만날 수 있는 시간 되게 하소서. 오직 주님의 존귀한 이름만 찬미하는 시간 되게 하소서.

자비하신 하나님!
벌써 가을의 종착역에 서 있습니다.
조용히, 우리의 신앙생활의 모든 것을 되돌아 볼 수 있게 하옵소서.
세상의 온갖 것들로 치장된 허물과 껍데기는 벗어버리고, 주님의 창조하신 원래의 모습으로 돌아가게 하소서. 불의와 비리로 얼룩진 세상, 마치 빛이 꺼져버린 터널 같은 세상에서 소망의 푸른 하늘 바라보게 하소서. 죄로 얼룩진 우리 마음을 성령님과 말씀으로 이 시간 깨끗이 씻어 주소서. 이 아침 영혼의 창문 활짝 열어 주님 앞에 신실하게 기도하는 저희 되게 하소서.

사론의 꽃 예수여! 우리 마음속에 거룩하고 아름답게 피어서, 매일 매일이 십자가만을 자랑하고, 찬송하는 삶이 되게 하소서.

사론의 꽃 예수여! 우리 마음속에 사랑으로 피어, 모든 질병을 전능하신 능력으로 치유해 주시고, 고통 받고 근심하는 성도들에게 크신 힘과 소망을 내려 주소서.

샤론의 꽃 예수여! 험난한 비탈길 같은 우리 삶의 여정을 빛 가운데로 인도하소서.

사론의 꽃 예수여! 연로하고 노쇠하여, 연약한 성도들, 영원한 하나님 나라를 사모하며, 주 예수, 그 크신 사랑 안에 편히 쉬게 하소서.

사론의 꽃 예수여! 주의 영광이 이 땅위에 가득해, 천하 만민이 주님 앞에 경배 하며 영광을 드리고 찬송하게 하소서.

이 나라를 위해 기도합니다.

이 나라와 백성을 사랑하여 주심을 감사합니다.

다툼과 분열, 욕심으로 가득한 이 백성의 어두운 마음위에 동편에서 해가 솟아 오르듯, 밝은 마음 주셔서 주님의 선한 뜻 이루어지는 복된 나라 되게 하소서.

성도들이 근무하는 직장과 경영하는 사업장을 위해 기도합니다.

하나님이여! 나를 보호하소서. 내가 주께 피하나이다.

내가 여호와께 아뢰되, 주는 나의 주시오니, 주밖에는 나의 복이 없다 하였나이다.

저희가 근무하는 직장에서, 운영하는 사업장에서, 그리스도의 향기를 풍기게 하옵소서. 저희가 일하는 직장에서, 최선을 다하게 성령님 동행해 주옵소서. 무슨 일을 하든지, 주께 하듯하게 하옵소서.

내 가족 위해 최선을 다하게 하옵소서.

직장에서 꼭 필요한 인물이 되어, 저희 직장이, 저희 사업장이 저희로 인해 더욱 풍성해져, 주님께 영광 돌리게 하소서.

자녀들의 믿음위해 기도합니다.

바울사도는, 디모데에게 거짓 없는 믿음을 보았다고 하셨습니다. 우리에게도 디모데 같은 참된 믿음 주시고, 우리의 자녀 손자 손녀에게도 참된 믿음이 전수 되게 하소서.

자녀들 마음속에 참된 신앙이 가득하게 하시고 오늘도 우리의 자녀 손자 손녀가 주안에서 내일을 꿈꾸며 소망 속에서 감사하는 삶이 될 수 있도록 은혜를 베풀어 주소서.

병마로 고생하는 성도들을 위해 기도합니다.
원치 않는 질병으로 병중에 있는 성도에게 치료의 손길을 베풀어 주옵소서.
"너희가 너희 하나님 나 여호와의 말을 청종하고, 나의 보기에 의를 행하며, 내 계명에 귀를 기울이며, 내 모든 규례를 지키면 내가 애굽 사람에게 내린 모든 질병의 하나도, 너희에게 내리지 아니하리니 나는 너희를 치료하는 여호와임이니라"라고 하셨습니다. 육신의 고통 받는 저희들을 주님의 오른팔로 붙잡아 주시어 그리스도의 향기와 미소를 잃지 않도록 돌보아 주시옵소서. 비록 고통의 한 복판에 있어도, 그의 시선이 늘 하나님께 향하기를 기도합니다.

부활이요, 생명이신 주님!
쓸쓸하고 고독하며 석양의 노을 같은 목마른 영혼과 날로 쇠약해지는 연로한 육체에 성령의 생기를 새롭게 불어 넣어주시어 늘 새롭게 하옵소서.
주님의 의로운 손으로 푸른 초장과 잔잔한 에덴동산의 구원의 방주로 인도해 주소서. 옛 야곱이 천사와 씨름하던, 그 믿음의 반석위에 매일 매일 기도로 승리하게 하소서. 야곱 같은 내 인생, 지금까지 에벤에셀의 은혜로 살아 왔사오니, 세상 끝 날 까지 순례자의 길, 임마누엘의 은총으로 동행해 주시고, 매일 주님을 찬송하고, 여호와 이래의 예비하신 하늘나라 천국으로 인도해 주실 줄 믿사옵나이다.

이 시간 말씀 증거하시는 목사님에게 기름 부어 주셔서 선포되는 말씀 통해 소망과 기쁨과 성령 충만 함을 받게 하소서.

예배를 도와 신령한 노래로 주님께 찬양 드리는 성가대에 함께 하시며, 모든 예배위원들에게 성령으로 함께 하여 주옵소서.

이 예배를 통해 우리 마음에 평화와 기쁨과 사랑이 넘치게 하소서. 우리 20구역 전 가정이 은혜가 충만하여, 에덴의 가정이 되게 하소서. 우리를 구원하시고 강한 힘이 되어주시는, 예수 그리스도 이름 받들어 기도합니다.

-아멘-

내 기도의 말은

- 이해인

수화기 들고
긴 말 안해도
금방 마음이 통하는
연인들의 통화처럼

너무 오래된
내 기도의 말은
단순하고 따스하다

뜨겁지 않아도
두렵지 않다

끊고 나면
늘 아쉬움이
가슴에 남는 통화처럼
일생을 되풀이 하는
내기도의 말 또한
부족하고 안타까운
하나의 그리움일뿐
끝없는 목마름일 뿐

대표기도

2016. 12. 25.

"천사가 이르시되 무서워 말라!
보라! 내가 온 백성에게 미칠 큰 기쁨의 좋은 소식을 너희에게 전하노라. 오늘날 다윗의 동네에 너희를 위하여 구주가 나셨으니, 곧 그리스도 주시니라(눅 2:11)"

아들을 낳으리니 이름을 예수라 하라. 이는 그가 자기 백성을 그들의 죄에서 구원할 자이심이라 하니라(마 1:21). 오늘은 기쁘고 즐거운 크리스 마스. 우리 주님 아기 예수를 이 땅에 보내주신 하나님께 영광과 찬송을 드립니다. 전 세계 인류가 경배하게 하옵소서.
"하늘에서는 영광이요, 땅에서는 평화로다"라는 우렁찬 천사들의 합창이 이 시간 우리 가슴에 울려 퍼지는 성탄의 기쁜 소식이 세상에 가득하게 하소서.

하늘에서는 별들이 메시아의 영광을 찬양하는 이아침, 땅에서는 메시아의 별을 사모하는 동방박사와 같이, 우리도 이아침 아기예수를 메시아 예수 그리스도로, 만나게 하소서.

아기예수는 하나님께서 우리 인류에 주신 최고의 놀라운 선물입니다. 생명을 주시는 선물, 구원을 주시는 선물, 참된 평화를 주시는 선물, 하나님께서 주시는 이 놀랍고 위대한 선물을 믿음으로 굳게 붙잡고 순례자의 길 가게 하소서.

세상을 이처럼 사랑하셔서 아기 예수를 이 땅위에 보내신 하나님!
2000년 전, 인류의 죄를 대신 짊어지고 죽기위해 이 땅에 오신 아기 예수님! 올해도 다시 한 번 거룩한 성탄절을 맞이했나이다.

베들레헴의 낮고 천한 말구유에 가난하게 오신 예수님! 동방박사처럼 드리는 저희들의 경배 받으시고, 이 시간 성탄의 은총을 내려주소서.

마굿간에 태어난 아기 예수로 말미암아 암흑의 세상이 희망의 땅으로 변했습니다.

예수만이 인류의 희망이 되었습니다. 예수의 이름은 세상의 소망이요 예수의 이름은 천국의 기쁨입니다.

주님! 저희들이 무엇이 관대, 주님께서 하늘의 높고 귀한 영광의 보좌를 버려두시고, 낮고 천한 몸으로 이 땅에 오셨습니까?

특별히 많은 사람들 중에서 벌레만도 못한 저희를 택하여 주셔서, 아기 예수를 영접하고, 기쁘게 찬양 드릴 수 있도록 은혜 내려 주시니, 그 크신 은혜 감개무량할 따름입니다.

사랑과 은혜가 풍성하신 하나님!

오늘 성탄의 이 아침 저희들의 마음속에 새롭게 임하옵소서.

아기 예수님을 소중하게 모시고, 살아가는 귀한 순례자의 길 가게 하소서.

세상풍파 몰아쳐도, 주님 오시는 그날 까지, 감사의 찬양 부르게 하소서.

이 정성 다하여 간구 하오니, 비록 인생길에 비가 내리고, 창수가 나고, 바람이 불어도 아브라함 같이 말씀에 순종하고, 믿음의 반석위에 세워 주시어 축복의 통로가 되게 하소서.

저희 사는 세상은 전쟁이 끊이지 않고 폭력과 테러로 많은 사람들이 죽어가고 있습니다.

아프리카에서는 굶주림으로 어린 아이들이 죽어가고 있습니다. 세계 곳곳에서 지진과 폭설로 재앙이 더해 가고 있습니다.

아직도 지구촌에는 성경을 구경조차 하지 못하고, 예수가 누구인지 알지 못하는 사람들이 40억이나 됩니다. 북한 주민들은 김정은 우상숭배로 지옥같은 비참한 나날을 맞고 있습니다.

저들을 아기 예수 사랑과 자비로 구원해 주시옵소서. 저들에게도 아기 예수가 저들의 마음속에 한 자루 촛불이 되게 하소서.

오늘날 교회와 성도가 영적으로 허약해지고, 세상의 유혹에 날로 빠져들고 있사옵나이다. 십자가만이 해답임을 알고, 한국교회와 그리스도인들이 성탄절을 맞아 거듭나는 역사가 있게 하옵소서.

이 추운 겨울에 차가운 지하도에서 노숙하고, 쪽방에서 생활고와 병으로 홀로 눈물 흘리며 노년을 보내는 이들이 많사옵나이다. 경제적 불황으로 어려운 가정이 많고, 직장을 얻지 못한 젊은이가 많사옵나이다.

주님! 저들을 붙잡아 주시고, 우리 그리스도인들이 선한 사마리아인이 되게 하소서.

주님! 헛된 선물이나 카드나 여흥에서 성탄의 기쁨을 찾지않게 하소서.

우리 모든 지구촌 식구들이 성탄절만 메리크리스마스로 즐거워하지 않고 1년 내내 매일 매일이 성탄절이 되게 하소서.

주님! 2016년 금년 한해도 끝자락에 와 있습니다.

금년한해 힘든 일 있었지만, 주님께서 여기까지 동행해 주셨습니다. 더는 뒤로 물러 설 곳이 없을 때, 주님께서는 내마음 속에 오셔서 따뜻한 손길로 붙잡아 주셨습니다.

주님께서 이 모든 은총을 누릴 수 있는 축복을 주셨사오니, 우리의 이웃과 함께 메리크리스마스로 주님의 사랑을 나누게 하옵소서. 다가오는 새해에도 주님의 품안에서 사랑과 희락 과 평강이 넘치는 사회와 교회와 가정이 되게 하소서.

주님! 이 시간 아기 예수로 나신 주님을 경배하기 위해 이렇 게 모여 예배드리오니, 주님께서 이 예배를 기쁘게 받아 주시 며, 저희들에게 한없는 은혜와 축복을 내려 주시고 특별히 말 씀을 증거하실 목사님께 영력을 더하여 주셔서, 주님의 탄생 의 비밀을 저희들에게 깨우쳐 줄 수 있도록 그 입술을 주장하 여 주시옵소서.

또한 찬양으로 예배를 돕는 성가대 위에도 주께서 함께 하여 주셔서, 그들의 입술을 통해 나오는 찬양의 메아리가 주님께 는 영광이요, 주님을 믿는 우리에게는 은혜가 되게 하여 주시 고, 저희들이 한 마음, 한 뜻으로 주께 찬양 드리는 귀한 성탄 절 예배 되게 하여 주시옵소서.

우리가운데 임마누엘로 오신 아기 예수여! 어서 오시옵소서, 우리를 구원하시어 하나님 자녀 되게 하신 아기예수 이름 받 들어 기도합니다.   -아멘-

아름다운 기도

- 이해인

당신 앞엔
많은 말이 필요 없겠지요, 하느님

그래도
기쁠때엔
말이 좀더 많아지고
슬플때엔
말이 적어집니다.

어쩌다 한번씩
마음의 문 크게 열고
큰소리로
웃어보는 것

가슴 밑바닥까지
강물이 넘치도록
울어보는 것

이또한
아름다운 기도라고
생각합니다.

그렇게 믿어도
괜찮겠지요?

2. 성령강림절 기도

2010.05.16. 성령강림절 첫째 주일 대표기도

2010.07.25. 성령강림절 둘째 주일 대표기도

2011.06.19. 성령강림절 세째 주일 대표기도

2012.06.03. 성령강림절 네째 주일 대표기도

2012.07.22. 성령강림절 다섯째 주일 대표기도

2013.06.09. 성령강림절 여섯째 주일 대표기도

2013.07.28. 성령강림절 일곱째 주일 대표기도

2014.07.13. 성령강림절 여덟째 주일 대표기도

2014.08.17. 성령강림절 아홉째 주일 대표기도

2015.07.19. 성령강림절 열째 주일 대표기도

2015.08.30. 성령강림절 열한번째 주일 대표기도

2016.08.23. 성령강림절 열두번째 주일 대표기도

주일대표기도

2010. 05. 16.

살롬의 하나님 아버지!
우리에게 평화를 주시는 살롬의 하나님 아버지!
감사합니다, 사랑합니다. -경배합니다. 찬송합니다.
이아침 생명의 빛, 은혜의 빛, 사랑의 빛으로 비추는 주님 재
단 앞에 경건히 머리를 숙입니다. 오늘도 하나님의 날개 그늘
안에 품어 주소서. 광풍이 부는, 세상광야 길에, 구름기둥과
불기둥으로, 인도하시고, 생수의 강으로 인도 하소서.

아침저녁으로 선선한 바람이 불고, 귀뚜라미 소리가 들리는
가을이 오고 있습니다. 여름의 무더위와 폭우에도, 알알이 영
그는 오곡백과를 보며, 주님의 솜씨에 감사와 찬미로 영광을

돌립니다.

풀벌레 소리가, 우리의 귓전을 울릴 때, 우리 인생에도 가을이 있다는 사실을 깨닫고, 주님 앞에 겸손히 기도드립니다.

지난 한 주간도, 주님을 전지전능하다고 하면서, 기도하지 않았고, 주님을 길이라고 하면서, 그 길을 가지 않았고, 주님을 빛이라고 하면서, 어둠 속을 헤매고 다녔습니다. 이 시간 회개하오니 용서하여 주옵소서.

내가 매일 십자가 앞에 더 가까이 가니, 구세주에 보배피로서 나를 정결케 하소서.

평화와 기쁨을 주시는 하나님!

이 한반도에 은혜와 평강이 충만하게 되기를 소원하며 기도드립니다. 하나님의 영광이 이 땅에 임하사 평강이 넘치는 한반도가 되게 하옵소서.

역사를 주관 하시는 하나님! 광복 70주년을 맞아, 사망의 음침한 골짜기 북한 땅에 살아계신 하나님을 간절히 만나고자 하는 북한 동포들이 있사옵나이다. 저들을 찾아가서 절망 속에 있는 주인을 일으켜 주소서.

땅 끝인, 얼어붙은 북한 땅을 열어주시고, 마을마다 예배당이 세워져 이북교회가 다시금 십자가를 세워 주게 하소서. 하나 되게 하시는 하나님 지구상의 유일한 분단국가를 복음의 능력으로 남북통일이 되는 날이 속히 오게 하소서.

광야에서 만나와 메추라기를 내리신 주님!!
광복70년을 맞아, 1960에 세계에서 2번째 가난한 나라에서
하나님의 보호하심으로, 세계 10위권의 경제 대국으로 한강
의 기적으로 인도해 주신 은혜에 감사와 찬양을 드립니다.
그러나 지금 세계 경제와 맞물려, 대한민국의 경제도 어려움
을 겪고 있사오니, 보혜사 성령의 인도로 제2한강의 기적이
일어나게 하소서.

눈먼자, 앉은뱅이, 38년 누워 있던 병자를 찾아오신 주님!!
주님 질병으로 인해 종일토록 근심하고, 마음의 평안이 없나
이다. 육적으로 병들었고, 영적으로 나약해 졌나이다. 저들을
건지실 분은 오직 주님뿐이오니, 질병과 탄식에서 구원하여
주옵소서. 소경의 눈을 뜨게 하신 주님의 자비하심으로, 저들
의 병을 고쳐주시옵소서.
특별히 김종규 권사를 보혈의 피로 씻어 주시고, 안수해 주셔
서 하루속히, 치유의 은혜를 베풀어 주소서.
혈우병 여인이 주님의 옷자락을 붙잡고, 병 고침을 받은 것처
럼 치유의 은사, 능력의 은사를 믿습니다.

우리 청소년을 위하여 기도합니다.

좋으신 하나님 우리 자녀들에게 사랑을 베풀어 주소서. 세상에 빼앗긴 그들의 마음이 다시금 하나님의 마음에 합당한 꿈과 소망으로 충만하게 하소서. 복음으로 세상을 정복하고 다스리게 하소서.

대학을 졸업하고도, 취업난으로 어려움을 겪고 있습니다. 노사화합으로 취업의 문을 열어 주소서. 우리 젊은 세대가 복음으로 건강히 일어날 수 있게, 도와주소서.

우리가정 온전한 가정으로 세워주시고, 그리스도의 사랑이 넘치게 하소서. 오직 주님 영광위해 사는 행복한 가정되게 하소서.

연로하신 성도님들 매일 은혜 속에 살게 하시고, 하나님께서 늙은 모세의 눈을 밝게 하시어 젓과 꿀이 흐르는 가나안 땅을, 바라보았듯이 하늘나라 바라보고, 겟세마네 동산까지, 주의 인도하심 따라 행복한 순례의 길이 되게 하소서.

주님의 몸 된 교회를 인도하시기 위해 노심초사 하시는 목사님과 교역자들에게 영력을 주셔서 주님의 양무리를 푸른 초장 잔잔한 물가로 인도 하시옵소서.

이 시간 내게 주시는 은혜의 말씀으로 강건한 믿음 갖게 하소서. 말씀이 삶이 되어, 작음 나를 통해 이웃사랑을 실천하게

하소서.

예배를 위해 수고하는 찬양대와 여러 손길위에도 주님의 사랑이 넘치게 하옵소서. 우리 교회를 위하여 애쓰시는 각 부서 담당자와 장로님 권사님 집사님 성도들에게 은혜 베푸시고, 이 시간 주님의 말씀을 배우고, 받고, 듣고, 본 바를 세상에 나가 행하면 평강의 하나님이 너희와 함께 계시리라는 주님의 말씀으로 축복을 내려 주소서.
들에 핀 백합화 한 송이에서도 하나님의 신비를 발견하기를 원하셨던 우리 주 예수님의 이름으로 기도 드립니다.

-아멘-

주일대표기도

2010. 07. 25.

성령님의 인도로 어둠가운데서 빛 가운데로 인도하시어, 하나님의 자녀 되는 권세 주시고, 이아침 기쁨으로 하나님께 예배 드리게 하시니, 감사와 찬양을 드립니다.
목자 되신 주님과 동행케 하시옵고, 말씀에 순종하는 큰 믿음과 복음을 주시옵소서.

은혜로 우신 하나님 아버지!
푸른 생명의 밀이 온 산야에 넘치는 7월입니다. 옥수수가 사람 키 만큼 자랐습니다. 가지와 오이, 토마토 등 싱그런 여름 열매가 주렁 주렁 열렸습니다.
뭉게 구름, 떠다니는 파란 하늘과 푸른 바다를 보게 하시고,

아름다운 숲을 펼쳐주시니 감사합니다. 우리 삶속에 거둘 수 있는 모든 것이, 주님의 은혜와 사랑임을 고백합니다.

오늘 아침 성령님의 인도로 존귀한 주님의 보좌 앞에 엎드렸습니다. 이제 겸손한 마음으로 찬송하며, 참회의 기도를 드립니다. 은혜 중에 사나, 은혜에 늘 감사하지 못했고, 은혜를 오히려 헛되이 받고, 주님의 영광을 가린 일이 너무도 많았기에, 부끄럽고 무거운 마음으로 주님 앞에 섰습니다. 긍휼히 여겨 주소서!

우리를 찾아오시는 하나님!
에덴동산에서 선악과를 따먹은 아담과 하와를 찾으시고, 아담아 네가 어디 있느냐? 그 물음을 이 아침, 우리를 향한 물음으로 듣게 하소서. 이 아침 진정한 성찰과 묵상이 있게 하소서. 하나님께서 광야 같은 세상에 불러주신 우리가 세상에서, 하나님의 자녀로 빛이 되고, 소금이 되게 하소서.

자비로우신 하나님 아버지!
멀고 험한 이 세상 길, 소망 없는 나그네 길, 방황하고 헤매며 정처 없이 살았습니다. 세상 유혹 따라가며 의지할 곳 없는 저희를 보혜사 성령께서 붙잡아 주시고, 믿음의 자녀로 거듭나게 하심을 감사합니다. 주님의 은혜로, 고통의 멍에 벗고 주님과 동행하오니 감사합니다. 무거운 짐 등에 지고, 쓰러지고 넘어져 지칠 때마다, 손잡아 일으켜 주시고, 위로해 주시니 감사합니다. 눈물로써 회개하고, 아버지 품에 안기어, 십자가만 바라보고 달려가는 영광의 길, 허락하신 내 주 예수를 찬양합니다.

나라 위해 기도합니다.

눈에 보이지 않는 메르스로 온 나라가 큰 고통을 받았습니다. 음란과 부패, 언어폭력과 SNS 상의 막말로 온 나라가 큰 고통을 받고 있습니다. 이 땅을 예수 그리스도의 보혈로 씻어주시고 특별히 이 땅에 황무한 청소년들 붙들어 주시어 소망을 주옵소서. 성경에 이스라엘 민족이, 고통 속에 부르짖어, 하나님 은혜로 가나안 땅에 입성했듯이, 우리 대한민국도 느헤미야처럼 눈물의 기도로, 나라가 나라 되고, 교회가 교회되는 하나님의 역사가 이뤄지게 하소서. 하나님의 거룩한 백성이 되어, 세계 선교의 동방의 횃불이 되게 하소서. 지난 6월28일 서울 광화문에서 동성애자들이 축재를 벌였습니다. 동성애자가 설친 소동과 고모라의 재앙을 잊지 않게 하소서. 우리 크리스천들이 깨어 일어나 이 땅에 복음의 파수꾼이 되게 하소서. "마라나타! 주예수여 속히 이 땅에 오시옵소서.

20구역 전 가정 위해 기도합니다.

하나님 아버지! 20구역 전 가정을 축복해 주소서. 기름 부어 주소서. 만군의 하나님 여호와여! 내 기도를 들으소서. 야곱의 하나님이여 귀를 기울이 소서 (시 84).

우리 자녀들이 다니엘 같이 믿음 안에서 꿈꾸게 하시고, 주의 소망의 길로 인도하소서.

질병으로 고생하는 성도들을 위해 기도합니다.

주여! 저희의 병든 몸을 만져 주소서. 저희의 상한 마음도 고쳐 주소서. 병을 치유 하시는 여호와 라파엘의 하나님! 성도들의 아픈 마음과 육신의 상처를 깨끗게 치료해 주소서.

담임목사와 목회자를 성령께서 붙들어 주시고, 오늘 선포되는 말씀마다 살아 있는 하나님 말씀이 되게 하시고, 들리는 말씀이 우리 머리에서 가슴으로 흐르게 하소서.

찬양으로 영광 돌리는 성가대와 각 부서 위에 하늘의 신령한 복이 넘쳐나게 하옵소서. 이 예배를 통하여 주님 영광 받으시옵고, 주의 평강이 우리에게 임하게 하옵소서. 우리를 눈동자 같이 지키시고, 주의 날개 그늘 안에 보호하여 주옵소서.

대한민국을 사랑하시고, 소망을 주시는 예수 이름 받들어 기도합니다.   -아멘-

주일대표기도

2011. 06. 19.

너희 조상 아브라함과, 너희를 생산한 사라를 생각하여 보라.
아브라함이 혈혈 단신으로 있을 때에, 내가 부르고, 그에게 복
을 주며, 창성케 하였느니라. –이사야 51:2

은혜로 우신 하나님 아버지!
골짜기 마다 푸른 녹음이 우거지고, 여름 과일이 풍성한 6월
입니다. 저희가 은혜 가운데 지난 6개월을 보냈고, 은혜 가운
데 주일을 맞았습니다. 뭉게 구름, 떠 다니는 파란 하늘과 푸
른 바다를 보게 하시고, 아름다운 숲을 펼쳐주시니 감사합니
다. 오늘 아침 성령님의 인도로 존귀한 주님의 보좌 앞에 엎
드렸습니다. 이제 겸손한 마음으로 찬송하며, 참회의 기도를

드립니다. 은혜 중에 사나, 은혜에 늘 감사하지 못했고, 은혜를 오히려 헛되이 받고, 주님의 영광을 가린 일이 너무도 많았기에, 부끄럽고 두려운 마음으로 주님 앞에 섰습니다. 주님을 따른다는 고백은 잊고, 실천의 발자국은 없었습니다. 이 시간 저희 기도가 물고기 뱃속에서 했던 요나의 회개기도 되게 하소서.

자비로우신 하나님 아버지!
세상을 살면서, 신령한 것과 세상적인 것, 썩을 것과 썩지 아니할 것, 일시적인 것과 영원한 것을 구별하는 지혜를 주소서. 후회의 눈물로 마음에 상처 받지 않게 하시고, 회개의 눈물로 부활의 승리를 맛보게 하소서. 주의 보혈로 먹보다도 더 검은 죄로 물든 마음, 흰 눈보다 더 희게 깨끗케 하소서. 모든 의심 걱정과 두려움이 사라져 슬픈 탄식이 변하여, 기쁜 찬송이 되게 보혜사 성령님께서 이 아침에 인도하소서.

위기에 처한 대한민국을 위하여 기도합니다.
하나님께서 자원도 없는 빈약한 이 나라를 세계 제2위 선교국가로 세워주신 하나님의 은혜에 감사합니다. 일제 36년간, 6.25의 폐허 속에서 한강의 기적을 일궈주시고, IMF의 위기도 슬기롭게 극복할 수 있도록 인도해 주신 주님의 은혜에 감사드립니다.

그러나 김일성 부자를 신으로 모시고, 핵으로 위협하는 북한, 인간을 천왕으로 3억 3천의 잡신과 8만 7천개의 신사가 존재하는 우상의 나라 일본, 기독교 복음 선교를 통제하는 중국 가운데서 중국의 한성보다 적고, 세계 인구의 0.7%인 대한민국을 세계 제2위 선교 대국으로 세워주심은 주님의 특별한 은총임을 믿습니다. 하나님의 특별한 사랑으로 대한민국이 세계를 이끌어 가게 하시니 감사합니다. 유엔 사무총장과 세계은행 총재로 이 나라를 축복해 주심을 감사합니다. 대통령과 이 나라 지도자에게 다윗 같은 지혜를 주시어, 경제적 어려움을 딛고 일어나 제2 한강의 기적을 이뤄주소서. 그리하여 후진국을 보살피고, 선진국에 당당한 나라 되어 모든 나라로부터 존경받고 으뜸가는 선교대국 되게 하소서. "하나님은 우리의 피난처시오, 힘이시니 환란 중에 만날 큰 도움이시니라"는 시편 기자의 말씀을 믿습니다.

신흥교회 1구역에서 20구역 전가정을 위해 기도합니다.
우리가 지금 험한 풍파를 지나고 있사오니, 선장이 되어 주시어 우리가정을 풍랑 속에서 순풍으로 이끌어 주시옵소서. 경제적으로 어려운 가정에 생명의 만나를 허락하소서. 우리 사랑스런 자녀들이 주님과 늘 동행하면서 빛 가운데로 인도해 주셔서, 자신이 누구인지를 깨닫게 하시고, 주님이 주시는 능력 가운데 승리하며, 감사가 충만한 하루 하루 되게 하소서 창조주 하나님! 능력의 하나님, 행복의 원천되시는 하나님, 지혜와 승리를 주시는 하나님 우리 가정에 함께 하셔서, 주님 주시는 은혜로 사랑과 희락과 평강이 넘치는 가정되게 하소서.

질병으로 고생하시는 성도 위해 기도합니다.
주님! 질병으로 인해 종일토록 근심하고, 마음의 평안이 없나이다. 육적으로 병들었고, 영적으로 나약해 졌나이다. 저들을 건지실 분은 오직 주님뿐이오니, 질병과 탄식에서 구원하여 주옵소서. 소경의 눈을 뜨게 하신 주님의 자비하심으로, 주님의 능력으로 저들의 병을 고쳐주시옵소서. 치유의 은혜를 베풀어 주소서.

연로하신 성도를 위하여 기도합니다.
쓸쓸하고 고독하며 석양의 노을 같은 목마른 영혼과 쇠약해지는 연로한 육체에 성령의 생기를 새롭게 불어 넣어 주시어, 거듭나게 하소서. 주님의 의로운 손으로 푸른 초장과 잔잔한 구원의 방주로 인도해 주소서. 야곱 같은 내 인생, 지금까지 에벤에셀의 은혜로 살아왔사오니, 세상 끝날 까지 순례자의 길, 임마누엘의 은총으로 동행하여 주시고, 매일 주를 찬양하며, 여호와 이레의 은혜로 매일 매일 감사의 발걸음으로 인도해 주소서.

말씀 증거하시는 목사님께 성령의 기름을 부어 주셔서, 선포되는 말씀을 통해 모든 성도들이 하나님의 음성을 듣고 소망과 기쁨과 성령의 충만함을 받게 하여 주옵소서. 찬양으로 영광 돌리는 성가대와 각 부서 위에 하늘의 신령한 은혜가 넘쳐나게 하옵소서. 이 예배를 통하여 주님 영광 받으옵소서. 주님의 평강이 임하여 주옵소서. 우리를 사망에서 구원하신 예수님의 존귀한 이름 받들어 기도합니다.

-아멘-

주일대표기도

2012. 06. 03.

하나님은 영이시니, 예배하는 자가 신령과 진정으로 예배할
지니라(요 4:24)

지난 한주간도 섬세하신 하나님 손길 따라 살게 하심을 감사
합니다. 안전한 포구인 주일 예배로 우리를 인도하시는 하나
님! 오늘도 주님 앞에 참된 예배자로 세워 주소서. 하나님의
자녀 되어, 주님의 품안에서 예배하게 하시니 감사합니다.
혼탁한 세상에서 노아와 같이, 보혜사 성령님과 동행하게 하
소서. 주님! 이 시간 저희 기도가 물속에 있는 요나의 회개 기
도가 되게 하시고, 이 예배를 통해 신실한 영으로 거듭나게
하소서.

바람처럼 임재하시는 성령의 감동으로, 감사의 은혜가 풍성한 예배가 되게 하소서. 이 예배를 통해 주께서 지시하신 니느웨로 찾아가는 성숙한 성도가 되게 하소서.

은혜로 우신 하나님 아버지!

어느덧 골짜기 마다, 푸른 녹음이 우거지고 청포도가 익어가는 7월입니다. 저희의 몸도 마음도 은혜 가운데 6개월을 보내고, 은혜 가운데 주일을 맞았습니다. 산야에는 한송이 국화꽃을 피우기 위한 구슬픈 소쩍새의 울음소리가 들리는, 아름다운 실록을 펼쳐주시니 감사합니다.

이 무더운 여름! 사랑과 은혜의 열매가 가득한 그리스도의 계절이 되게 하소서.

자비로우신 하나님 아버지!

2014년 새해를 맞이하며, 내 스스로 더욱 거룩해 지겠다고, 다짐하면서, 십자가의 길, 순례자의 길로 거룩한 꿈을 꾸었으나, 2월,3월,4월 세월이 흐르면서, 그 거룩한 꿈은 점점 작아지고 있습니다.

입으로는 은혜, 감사, 축복을 말하면서, 마음으로는 아직도 시기, 질투, 원망의 쓴 뿌리가 얼룩져 있습니다.

감사의 마음, 탐심의 마음이 원죄와 함께 내 마음을 혼탁하게 하고 있습니다.

이 시간 내 마음에 주님의 긍휼의 마음 부어주시어, 성령 충만으로 회개하고 주안에서 새롭게 거듭나게 하소서.

내 모든 것 주께 드립니다. 주님의 사랑으로 채워주소서.

다시 한 번 주님의 어린양으로 돌아가, 남은 6개월 목자 되신 주께서 푸른 초장과 쉴만한 물가로 인도하소서.

나라와 교회를 위해 기도합니다.

하나님! 세계 곳곳에서 전운이 확대 되고 무고한 생명이 살상 되고 있사오니 속히 복음이 전파되어, 불신과 반목이 없어져, 예수 안에서 진정한 평화가 이뤄지게 하소서.

이 나라를 이끌어 가는 지도자들에게 기회와 능력과 은총을 주셔서, 이 나라를 복된 나라 되게 하소서. 이 나라와 민족이 영적으로 깨어나고, 교회마다 구원받는 영혼을 더해 주소서. 어려워져 가는 한국교회를 다시 중수하여 주시고 사랑의 하나님이 우리조국강산에 있는 교회마다 거듭나 새롭게 하소서.

핍박받는 북한 성도 위해 기도합니다.

김일성 가족의 우상으로 동토의 땅이 된 북한 전역에서 오직 주님만 의지 하고, 십자가만 바라본다는 이유로 고난과 핍박과 박해와 기근으로 신음하는 북한 지하교회의 성도들을 주님의 품안에 품어주시고 엘리야 때처럼 성령님 역사하시어, 감옥의 문을 열어주시고, 주안에서 남북이 하나 되는 삼천리 금수강산이 되게 하소서. 하나님의 주권으로 북한 땅 구석 구석에 그리스도의 피 묻은 복음으로 하나님의 사랑과 은혜가 넘치는 땅이 되게 하소서.

신흥교회 20구역 전가정을 위해 기도합니다.
우리 가정마다 보혜사 성령님 함께 하사 지혜와 건강 주시고 성령 충만, 은혜 충만으로 각자 맡겨주신 소명을 잘 감당하여 아름다운 열매 맺어, 주께 영광 드리게 하소서. 각 가정마다 소원의 기도가 있사오니, 주여! 눈을 피하지 마시고, 귀를 기울이사, 로뎀나무 앞에선 엘리야의 간절한 기도가 되어, 엘리야 같이 응답받게 하옵소서. 오늘도 우리의 자녀를 마음속에 그리스도의 영을 부어 주셔서 하루 하루 항상 기뻐하고, 쉬지 말고 기도하고, 범사에 감사하여 주님께 영광 드리는 발걸음이 되게 인도하소서.
모세 어머니 요게벳 처럼, 자녀를 위해 눈물의 기도를 드리는 성도되게 하옵소서. 그래서 우리 자녀들이 선지자 이사야의 말씀대로 들포도가 아닌, 최고품질의 포도열매 맺게 인도 하소서.

8월 4~6일 까지 충북 자연 학습원에서, 어린이 성경학교, 중고등부 수련회, 전체 여신도 주관 가족 수련회가 주님의 은총 속에 쉼과 회복의 자리가 되게 하소서.

폭포수와 같은 생명수가 흐르는 수련회가 되게 하소서.

그리하여 우리 모두 그리스도의 충성된 일꾼이 되게 하소서.

이 시간 담임 목사님과 목회자를 성령께서 붙들어 주시고, 오늘 선포되는 말씀마다 살아 있는 하나님의 말씀이 되게 하시고 들리는 말씀이 우리 머리에서 가슴으로 흐르게 하시어, 우리의 불쌍한 이웃을 생각하고, 내 나라 내 민족 위해 기도하게 하소서.

찬양으로 영광 돌리는 성가대와 각 부서 위에 하늘의 신령한 은혜가 넘쳐나게 하옵소서. 이 예배를 통하여 주님 영광 받으옵소서. 주의 평강이 임하게 하소서. 생명의 근원이신 예수 이름 받들어 기도합니다.

-아멘-

주일대표기도

2012. 07. 22.

여호와는 네게 복을 주시고, 너를 지키시기를 원하며, 여호와
는 그 얼굴로 네게 비춰사, 은혜 베푸시기를 원하며 여호와는
그 얼굴을 네게로 향하여 드사, 평강 주시기를 원하노라(민수
기 6:24~26)

-아멘-

할렐루야! 내 영혼아! 여호와를 찬양하라!
나의 생전에 여호와를 찬양하며, 나의 평생에 내 하나님을 찬
송하리로다.
오늘 주일을 맞아 기도와 찬양과 말씀으로 열게 하심을 감사
합니다.

주님! 이 아침 홀로 영광 받으옵소서.

감사의 하나님! 갈릴리 호수의 파도위에 계신 주님을 바라봅니다.

거칠고 험난한 역경과 환란이 거듭되는 세상의 파도 속에서 주님의 의로운 손으로 붙드사, 우리의 지친 영혼을 어루만져 주시고 위로해 주옵소서.

주님께서 우리의 아픔과 눈물도 함께 하시고, 임마누엘 하나님으로 늘 동행 해 주시니 감사합니다. 경제적으로 힘든 세상입니다. 이럴 때 선지자 하박국처럼, 원망과 좌절보다는 감사의 기도로 승리하는 지혜와 용기를 주시옵소서. 기쁨만 아니라 슬픔도 감사하고, 가진 것만 아니라, 없는 것도 감사하는 성숙한 믿음 주옵소서. 풍족할 때만 아니라, 부족할 때도 감사하게 하고, 건강할 때만 아니라, 육신의 아픔도 바울의 가시처럼 감사함으로 바꾸어 주시면 좋겠습니다. 왜냐면, 여호와로 인하여 즐거워하며, 여호와는 나의 구원의 하나님이시기 때문입니다.

이 나라를 위하여 기도합니다.

상한 갈대도 꺽지 않으시고 꺼져가는 등불도 끄지 않으시는 주님!

이 겨레를 사랑하셔서 역경과 환란 속에서도 경제대국과 복음의 나라로 인도해 주심을 감사합니다. 모처럼 남북이 화해 무드를 맞고 있으니, 하루 속히 주님의 은총으로 복음으로 하나 되는 평화의 날이 오게 하소서.

북쪽의 헐벗은 동포들에게 영의 양식과 육의 양식을 공급해 주시고 20만 명의 정치범 수용소도 제거하고 핵도 파기하고, 주체사상을 버리고 주님의 복음으로 통일되게 하소서.

우리 자녀와 연로하신 성도들 위해 기도합니다.

오늘도 험난한 세상길 가야하는 우리의 자녀, 손자 손녀에 지혜와 용기를 주옵소서. 우리의 자녀와 손자 손녀가 험난한 세상 속에서, 레바논의 백향목처럼 올 곧게 자라게 하시고 샤론의 수선화처럼 아름답게 꽃 피우게 하소서. 포도원의 향기처럼 예수의 향기가 넘치는 삶이 되도록 보혜사 성령님께서 그 길을 인도해 주소서. 그래서 하나님을 제일 사랑하고, 부모를 공경하고, 불우한 이웃을 사랑하는 선한 사마리아 사람처럼 주님의 귀한 자녀 되게 하옵소서. 주님의 사랑과 은총이 모든 가정에 가득하게 하소서.

특히 연로하신 성도들에게 보혜사 성령님 함께 하셔서 지혜와 건강의 축복주시고 하늘나라 갈 때 까지 그 순례길이 주님께 영광 드리는 아름다운 황혼이 되게 하소서. 바울처럼 선한 싸움을 다 싸우고 달려갈 길 믿음으로 승리하게 하소서. 나머지 영생을 위한 삶에, 고통 없이 기쁨과 소망이 가득한 삶이 되게 하소서.

신흥교회 담임목사 청빙을 위해 기도합니다.
우리 신흥교회 성도들이 목회자를 간구하고 있사오니 주님 뜻에 합당한 담임목사를 보내주소서. 이 모든 것이 하나님의 섭리와 손길 안에 있사오니 주님께서 신흥교회 선장이 되어 주시어 인도해 주실 줄 믿습니다. 그리하여 예수가 살아 역사하는 교회, 예수 향기가 넘치는 교회 되게 하소서.
이 시간 주님 말씀 증거하실 목사님을 주께서 친히 인도하여 주시사, 성령 충만한 말씀이 되게 하시어, 많은 심령들의 골수를 쪼개게 하옵시고, 양떼들을 푸른 초장과 잔잔한 물가로 인도하게 하옵소서.
각 부서 부서에서 수고하는 손길마다, 또 이 시간 마음과 정성을 다해 드리는 찬양대를 축복해 주시옵소서. 이 모든 말씀, 생명과 빛으로 지혜와 권능으로 언제나 우리를 지키시는 예수 그리스도 이름으로 기도합니다.

-아멘-

주일대표기도

2013. 06. 09.

녹음이 짙어져 가는 6월의 푸른 산록을 보며 주님의 크신 섭리와 손길에 찬양을 드립니다.

우리를 사랑하시는 하나님!
오늘 아침도 불러주시고 예배드릴 수 있도록 허락하신, 주님께 감사와 찬송과 영광을 드립니다.
이 시간도 예수의 이름을 의지하고, 이 자리에 나왔사오니 우리의 죄와 허물을 용서하여 주시옵소서.

인자와 긍휼을 주시는 하나님!
이 시간 가난한 우리의 심령을 하나님의 자비와 사랑으로 채우시고, 성령으로 충만케 하옵소서.

주님은 우리가 소금과 빛으로 살기 바랐지만, 세상에서 추한 모습으로 살아온 우리의 나약함을 용서하여 주옵소서.

지난 한주간도 세상에 나가실 때, 세상의 오물속에 파묻혀 지냈습니다.

이 시간 나의 죄를 십자가의 보혈의 은혜로 사하여 주옵소서.

내 죄 사하시려 주님이 흘리신 십자가의 보혈을 바라보며, 믿음으로 승리하게 하소서.

최후에 빛난 면류관 얻기 까지, 내게 지워진 험한 십자가를 잘 감당하게 하소서.

하늘나라에 부르실 그날까지, 갈보리 십자가 바라보며 죽도록 충성하게 하소서.

은혜가 풍성한 하나님!

사도바울의 "나의 하나님이 영광 가운데 모든 것을 채워 주신다"는 말씀을 믿사옵나이다

아브라함과 요셉처럼 세상의 선악과를 따먹지 않고, 생명나무 선택하여 하나님의 축복 받기를 원합니다.

이 시간 저희를 녹여주시고, 빚어주시고, 성령으로 채워주시어, 주님의 귀한 도구로 사용해 주소서.

"주님께서 나를 연단하신 후에는, 내가 순금같이 나오리라"

는 말씀을 믿습니다.

이 기도가 한나처럼 간절하게, 엘리야처럼 뜨거운 기도가 되게 하소서.

신흥교회를 위해 기도합니다.

거룩하신 하나님 아버지!

주님께서 이 교회의 머릿돌과 주인이 되셔서 늘 지켜 주심을 감사합니다.

주님의 사랑과 은혜와 진리가 살아 움직이는 교회되게 해 주심을 감사합니다.

주님께서 세운교회가 날로 날로 부흥하여 은혜가 충만한 교회, 말씀이 충만한 교회 사랑이 충만한 교회, 성령이 충만한 교회되게 하소서.

사랑의 하나님!

이 제단에 모인 사랑하는 우리 성도들을 위해 두 손 모아 간구 합니다.

먼저 말씀에 의지하고, 순종하는 믿음의 생활이 날이 갈수록 깊어지게 해 주시옵시고, 그 나라와 의를 구하며 살아 갈 수 있는 우리들의 생활되게 해 주시옵소서.

늘 깨어서 주님 오실 날을 예비하는데 부족함이 없는 슬기로운 우리들 되게 해 주시옵소서. 들꽃 같은 인생의 영화에 안주하지 않고 오늘도 새롭고 거듭나는 순례의 길 가게 하소서.

질병으로 고통 받는 심령들 위에 치료의 역사를 허락해 주시고, 어려움과 낙심 중에 있는 성도가 있으면 위로와 희망으로 힘을 주시옵소서. 감옥에서 매를 맞아 상처투성이가 된 바울과 실라 같이 고난의 밤을 지날지라도, 한나와 같이 기도로 승리하게 하소서.

이 시간 목사님을 통하여 축복의 말씀을 아낌없이 부어 주시옵소서. 꿀 송이보다도 더 달고 정금보다 더 귀한 생명의 말씀이 임재 하는 은혜를 허락하시어, 변화산에서 모세, 엘리야, 베드로, 요한 같이 주님 영접하는 은혜의 시간 되게 하소서.

마음과 정성을 다해 드리는 찬양대에 축복해 주시옵소서.

이 자리에 참석하지 못한 성도님들 어디서 무엇을 하든지 기억해 주시옵소서.

우리의 빛과 생명 되신 예수 그리스도의 이름 받들어 기도드리옵나이다.

-아멘-

주일대표기도

2013. 07. 28.

감사의 하나님!

여호와는 나의 반석이시요, 나의 요새시요, 나를 건지시는 자
시요
나의 하나님이시요 나의 피할 바위시요, 나의 방패시요,
나의 구원의 뿔이시요, 나의 산성이시로다! (시편 18:2)
할렐루야! 내영혼아! 여호와를 찬양하라!
나의 생전에 여호와를 찬양하며, 나의 평생에 내 하나님을 찬
송하리로다.
오늘 주일을 맞아 기도와 찬양과 말씀으로 열게 하심을 감사
합니다. 주님 이 아침 홀로 영광 받으옵소서.

은혜로우신 하나님 아버지!

어느덧 골짜기 마다 푸른 녹음이 우거지고, 청포도가 익어가는 8월입니다.

저희가 은혜 가운데 지난 7개월을 보냈고, 은혜 가운데 주일을 맞았으며, 오늘 아침 성령님의 인도로 존귀한 주님의 보좌 앞에 엎드렸습니다.

이제 겸손한 마음으로 찬송하며, 참회의 기도를 드립니다.

은혜 중에 사나 은혜에 늘 감사하지 못했고, 은혜를 오히려 헛되이 받고, 주님의 영광을 가린 일이 너무도 많았기에, 부끄럽고 두려운 마음으로 주님 앞에 섰습니다.

은혜의 주님! 죄악의 허물을 이 시간 용서해 주시고, 참회의 심령에 평안을 주옵소서.

성령님은 우리에게 서로 사랑하라 말씀하셨으나, 오히려 서로 미워하며 살았으며, 성령님은 베풀라고 하실 때에 우리는 오히려 우리의 욕심만을 채우며 살았습니다.

성령님은 온유와 겸손하라고 우리에게 부탁하셨지만, 우리는 교만하여, 불신앙의 사람으로 살았던 모든 일을 자복하오니, 주여 이 시간 긍휼을 베풀어 주시고 용서하여 주옵소서.

쓰레기더미에서 장미꽃을 피우시고, 진흙탕 속에서도 연꽃을 피게 하시는 주님의 능력으로 우리를 붙드사, 이 무더운 여름

철에도 지치지 않고 일어나 주님을 향해 달려 나갈 새로운 힘
과 용기를 허락하여 주옵소서.

감사의 하나님! 갈릴리 호수의 파도위에 계신 주님을 바라봅
니다.
거칠고 험난한 역경과 환란이 거듭되는 세상의 파도 속에서
주님의 의로운 손으로 붙드사, 우리의 지친 영혼을 어루만져
주시고 위로해 주옵소서.
주님께서 우리의 아픔과 눈물도 함께 하시고, 임마누엘 하나
님으로 늘 동행해 주시니 감사합니다.
경제적으로 힘든 세상입니다.
이럴 때 선지자 하박국처럼, 원망과 좌절 보다는 감사의 기도
로 승리하는 지혜와 용기를 주시옵소서.
"비록 무화과나무가 무성치 못하며, 포도나무에 열매가 없으
며, 감람나무에 소출이 없으며, 밭에 식물이 없으며, 우리에
양이 없으며, 외양간에 소가 없을지라도, 나는 여호와를 인하
여 즐거워하며 나의 구원의 하나님을 인하여 기뻐하리로다."
뭉게구름 떠 다니는 파란 하늘과 푸른 바다를 보게 하시고,
아름다운 숲을 펼쳐 주시니 감사합니다.
기쁨만 아니라 슬픔도 감사하고, 가진 것만 아니라, 없는 것도
감사하는 성숙한 믿음 주옵소서.

풍족한 때만 아니라, 부족할 때도 감사하게 하고, 건강할 때만 아니라, 육신의 아픔도 바울의 가시처럼 감사함으로 바꾸어 주소서.

왜냐면, 여호와로 인하여 즐거워하며, 여호와는 나의 구원의 하나님이시기 때문입니다.

이 나라를 위하여 기도합니다.

상한 갈대도 꺾지 않으시고, 꺼져가는 등불도 끄지 않으시는 주님!

이 겨레를 사랑하셔서 역경과 환란 속에서도 경제대국과 복음의 나라로 인도해 주심을 감사합니다.

북한의 연속된 핵실험으로 경색화된 남과 북이 하루속히 주님의 은총으로 복음으로 하나 되는 평화의 날이 오게 하소서.

북쪽의 헐벗은 동포들에게 영의 양식과 육의 양식을 공급해 주시고, 20만 명의 정치범수용소도 제거하고, 핵도 파기하고, 주체사상을 버리고 주님의 복음으로 통일되게 하소서,

지금 우리사회는 자기 이익에만 집착하고 반항과 비타협이 난무하고 있습니다.

오직 주님의 사랑 이외에는 길이 보이지 않습니다. 나라위해 새벽마다 기도하신 어머니의 신앙을 기억하는 이명박 대통령을 비롯한 전 국민이 주안에서 귀를 열고 마음을 열어 양보하

고 타협하면서, 복음으로 하나 되는 사회가 되게 하소서.

보혜사 성령님!

봄비 같은 성령이여 오시옵소서. 빈들의 마른 풀같이 시들은 영혼 성령의 단비를 맞아 생기를 되찾게 하소서.

하나님은 오늘도 우리인생에 홍해를 가르기 원하시고, 여리고성을 무너뜨리길 원합니다.

경제적인 고통, 육신의 질고, 형제간의 갈등, 가족 간의 불화 등, 우리 앞에 놓여있는 굳건한 여리고성을 여호수아처럼 말씀과 기도와 성령님 인도로 무너지고 나를 가로막는 인생의 요단강이 열릴 줄 믿사옵나이다. 우리도 여리고성의 삭개오처럼 뽕나무에 올라가 주님 만나고 신나는 새 삶이 되게 하소서.

부활하신 하나님 아버지!

우리 신흥교회 성도들이 성경을 통해 세상을 보고, 성경을 통해 역사와 우주를 보게 하시고, 성경을 통해 나를 보게 하소서.

그래서 예수님을 보고, 예수님의 말씀을 듣고, 그의 말씀을 통해 하나님을 만나게 하소서.

우리 신흥교회가 선교 많이 하는 안디옥교회가 되고, 하나님 칭찬받는 빌라델비아 교회가 되게 하소서.

또한 시가 있고, 노래가 있고, 춤이 있고, 감사가 있는 시편교회가 되게 하소서.

그리하여 예수가 살아 역사하는 교회, 예수 향기가 넘치는 교회가 되게 하소서.

이 시간 주님 말씀 증거하실 목사님을 주께서 친히 인도하여 주시사, 성령 충만한 말씀이 되게 하시어, 많은 심령들의 골수를 쪼개게 하옵시고, 양떼들을 푸른 초장과 잔잔한 물가로 인도하게 하옵소서.

교통사고로 입원해 있는 반인철 장로님과 강정임권사, 박승란권사, 또 여러 가지 질병으로 고통 받는 성도들 하루 속히 병석에서 일어나 주님께 영광 돌리게 하옵소서.

각 부서 부서에서 수고하시는 손길마다 또 이 시간 마음과 정성을 다해 드리는 찬양대를 축복해 주시옵소서.

이 모든 말씀 생명과 빛으로, 지혜와 권능으로 언제나 우리를 지키시는 예수 그리스도 이름으로 기도합니다.

-아멘-

주일대표기도

2014. 07. 13.

좋으신 하나님!

아침저녁으로 신선한 바람이 불어오고, 귀뚜라미 소리가 가을을 재촉하고 있습니다. 지난여름 혹독한 무더위와 폭우에도 알알이 영그는 오곡 백과를 보며 주님의 솜씨에 감사와 찬미를 드립니다. 오랜 장마 뒤 불볕 더위가 기승을 부려도, 사랑과 은총으로 저희들 지켜 주심을 감사합니다.

연약하고 어리석은 저희들 세상 유혹 따라 이리 밀리고, 저리 밀리면서 주님의 계명과 말씀대로 살지 못하고, 상처만 안고 주님 앞에 나왔습니다. 주님의 사랑과 긍휼 없이는 아무 희망이 없는 저희들 이 아침 붙들어 주시고, 고통과 눈물의 광야 길 걸어갈 때 주님께서 목자되어 주시고, 생명수의 샘이 되어 주소서! 참회하는 마음으로 주님께 나왔사오니, 친히 말씀하시고, 위로 하시고 은혜 베풀어 주옵소서.

오늘은 비록 어려움에 처해 있어도, 성령님의 인도로 내일은 빛 가운데로 인도하셔서 십자가 복음, 아브라함의 복음으로 축복받게 하옵소서! 세상에서 한 마리 잃어버린 어린양 되지 않게 목자 되신 주님께서 인도하시고, 내 앞길 모두 아시는 주님, 내 삶이 감사가 넘치게 하소서. 내 평생 여호와를 섬기며, 내 인생 순례의길 온전히 주님께 맡기오니 복에 복을 더하시고, 나의 지경을 넓히시고, 주의 손으로 도우사 환난에서 벗어나, 근심이 없게 하소서. 내 생명, 주님 손에, 내 소망 주님 안에 있사오니, 주님의 의로운 손으로 붙들어 주시어, 날이 갈수록 믿음 더하고 주님의 자녀로, 깨끗하고, 정결한 삶 살게 하소서

자비로우신 하나님 아버지!
금년에도 우리의 날이 화살같이 지나갔습니다. 성장의 이 여름을 거쳐 곧 결실의 날이 다가오지만, 맺은 열매 없이 초라하기만 한 저희들을 불쌍히 여기시고, 보혜사 성령님께서 동행해 주옵소서. 인생의 겨울이 오기 전에, 안일과 좌절을 떨치고 믿음의 반석위에 굳게 서게 하소서
허영과 교만을 버리고, 겸허와 진실로 눈뜨게 하옵소서.
주님의 날, 알곡과 쭉정이가 드러나고 들임과 내침이 있을 때에 우리도 성령의 열매, 의의 열매 맺어 주님의 가슴에 하늘나라 알곡으로 안기도록 보혜사 성령님께서 발걸음마다 인도

하소서. 믿음의 열매 맺도록 말씀의 거름을 주시고, 성령의 단
비를 내리시고, 은혜의 햇살을 비추어 주옵소서.

평화와 기쁨을 주시는 하나님!

하나님 아버지! 핵무기로 인한 공포에서 벗어나, 이 한반도에
주의 은혜와 평강이 충만하게 하옵소서. 어린이와 노약자가
버림받고, 물질의 노예가 되어, 부모와 자식을 버리고, 강도,
성폭행, 동반자살이 유행처럼 횡행하여, 세상이 온통 사탄의
전쟁터가 되었습니다. 추한 가인의 모습으로 살고 있습니다.
복음의 불길이 다시 한번 이 나라에 임하게 하시고, 통회하는
심령 속에 회개의 물결이 넘쳐, 황폐한 이 땅에 은혜의 강물
이 흐르게 하소서.

이 무더위에 병상에서 신음하는 성도들과 여러 가지 일로 고
통을 겪고 있는 형제자매에게 성령의 단비를 충만히 부어 주
시사, 주님의 사랑 안에서 기쁨이 넘치는 생활이 되게 하소서.
말씀을 전하시는 목사님에게 권능과 영감을 주시어 피곤치
않게 하시고, 갈급한 양떼들에게 생명수를 먹이는 귀한 목자
되게 하옵소서. 이 시간 드리는 찬양이 주님의 보좌에 울려 퍼
지게 하소서. 이 예배를 성령께서 인도 하심을 감사드립니 다.
우리를 죄에서 구원하신 예수그리스도의 이름 받들어 기도합
니다.
                                                          -아멘-

주일대표기도

2014. 08. 17.

복된 성일 아침! 거룩한 성전에서 하나님의 이름을 찬양하며, 주신 은혜와 축복을 감사드립니다.

우리에게 귀한 예배 처소인 신흥교회를 세워주시고, 50여 년간 지켜 보호해 주시며, 죄 중에 헤매던 미천하고 보잘 것 없는 저희들을 주님의 자녀로 삼아 주신 주님의 한량없는 은혜에 감사를 드립니다.

사랑의 아버지 하나님!

인간의 무지로 빚어진 엄청난 수해 속에서도, 지난 한주간도 아버지의 영원한 날개 속에 품어주시고, 이 아침 주님의 사랑과 평화가 넘치는 주의 전에 나아와 영광 돌리게 하심을 감사합니다.

그러나 우리는 세상에 묻혀 살면서 죄와 함께 살고, 죄를 먹고 마시며, 죄에 끌려 살아왔습니다. 주께서 믿음대로 살기를 원하셨지만, 보이는 대로 판단하고, 들리는 대로 걱정하고, 말이 나오는 대로 원망하며 살았습니다.

나만이 지성인인 것처럼, 나만이 의인인 것처럼, 나만이 주님의 뜻을 염려하는 사람인 것처럼 교만하고 오만 불손하게 살았습니다.

뼛속 깊이 있는 이 모든 죄악들을 십자가의 보혈로 씻어 주시어, 주님의 넓은 사랑의 품에 다시 안아 주시옵소서.

오늘 이 시간 신령한 찬양과 말씀의 싱그러운 생수와 성령의 뜨거운 감동으로 시작한 이 예배를 통하여 주께 무한한 영광이 돌려지게 하옵소서.

우리는 다가올 미래를 모릅니다. 그러나 누가 우리의 미래를 붙들고 있는지를 압니다. 또한 슬픔을 기쁨으로 변화시켜 주시고, 괴로움을 희락으로 변화시켜 주시는, 주님의 능력을 믿사옵나이다.

주님! 이 시간 저희의 마음의 문을 열어주옵소서. 그리하여 당신이 예비하신 하늘의 축복과 진리의 영광을 보게 하옵소서.

세상에서 찾을 수 없는 놀라운 영혼의 평화를 얻게 하옵소서.
마음의 깊은 곳에 평안의 고요로 채워 주시 오며, 상한심령에 행복한 감정이 샘처럼 솟아나게 하시 오며, 비어있는 가슴에는 사랑의 광대한 환희가 넘치게 하옵소서.

그러므로 저희의 생애가 스스로 주를 찬양하는 영광 속에 주와 함께 머물게 하옵소서.

인간의 생사를 주관하시는 하나님!

우리나라 곳곳에 내린 집중호우로 도시와 농토가 물에 잠기고, 군막사가 매몰되어 군인들이 희생 되었습니다. 불의의 재난으로 목숨과 농토와 삶의 터전을 잃은 주민들과 나라를 지키다 하늘나라로 간 못다핀 젊은 장병들을 주님께서 따뜻하게 영접해 주시고 슬픔가운데 있는 가족도 위로해 주시옵소서.

능력의 하나님 아버지, 재난을 당하고 있는 주민들에게 용기와 인내를 주셔서 이 어려운 때를 잘 극복하게 도와주소서.

비록 우리가 사망의 음침한 골짜기를 다닐지라도 해 받는 것을 두려워하지 아니합니다.

그 까닭은 주님의 지팡이와 막대기가 우리를 지켜 주시며, 주님이 늘 우리와 함께 하시는 것을 믿기 때문입니다.

구원의 주님이시여!

전주도성에 주님의 교회, 신흥교회를 반석위에 세워주셔 반세기를 지켜 주심을 감사합니다.

신흥교회에서 흐르는 생명수로 세상에 사는 동안 상하고 피곤에 지친 우리의 심령을 새롭게 소생케 하시고 새 용기와 희망으로 채워주옵소서.

그리하여 하나님의 영광이 늘 머무는 신흥교회 되게 하시고, 모든 교인이 사랑으로 하나 되어 초대 교회의 모습을 닮게 하옵소서.

이 시대 전주도성의 구원의 방주되어 우리교회에 발을 들여놓는 사람마다 구원받고 하나님의 성숙한 자녀로 주님 앞에 나아가게 하옵소서.

주님의 몸된 교회를 인도하시기 위해 노심초사 하시는 목사님에게 영력을 주셔서, 주님의 양무리를 푸른 초장, 잔잔한 물가로 인도하시어, 살찐 꼴로 공급하기에 피곤치 않도록 도와주시옵소서.

우리교회를 위하여 애쓰시는 장로님, 권사님, 집사님, 성도들에게 은혜 베푸시어 세상 어디가든지 당신의 진리를 빛내며, 주님의 구원을 세상에 전하게 하여 주옵소서.

주께서 이 시간 우리를 말씀으로 일깨워 주시고, 성령으로 거듭나게 하사, 날마다 그리스도 안에서 새로운 의미를 찾으며, 날마다 그리스도 안에서 소생하며, 날마다 그리스도 안에서 희망과 용기를 얻고, 날마다 주님과 동행하는 귀한 삶이 되게 하옵소서. 그래서 기쁠 때나, 슬플 때나, 새 생명을 주시는 주님만을 의지 하는 자녀들이 되게 하옵소서.

우리를 구원하신 거룩하신 예수님 이름 받들어 기도 하옵나이다.

-아멘-

주일대표기도

2015. 07. 19.

샬롬의 하나님 아버지!

우리에게 평화를 주시는 샬롬의 하나님 아버지!

감사합니다, 사랑합니다. -경배합니다. 찬송합니다.

이 아침 생명의 빛, 은혜의 빛, 사랑의 빛으로 비추는 주님 재단 앞에 경건히 머리를 숙입니다. 오늘도 하나님의 날개 그늘 안에 품어 주소서. 광풍이 부는, 세상광야 길에, 구름기둥과 불기둥으로, 인도하시고, 생수의 강으로 인도 하소서.

아침 저녁으로 선선한 바람이 불고, 귀뚜라미 소리가 들리는 가을이 오고 있습니다. 여름의 무더위와 폭우에도, 알알이 영그는 오곡백과를 보며, 주님의 솜씨에 감사와 찬미로 영광을 돌립니다.

풀벌레 소리가, 우리의 귓전을 울릴 때, 우리 인생에도 가을이 있다는 사실을 깨닫고, 주님 앞에 겸손히 기도드립니다.

지난 한 주간도, 주님을 전지 전능하다고 하면서, 기도하지 않았고, 주님을 길이라고 하면서, 그 길을 가지 않았고, 주님을 빛이라고 하면서, 어둠 속을 헤매고 다녔습니다. 이 시간 회개하오니 용서하여 주옵소서.

내가 매일 십자가 앞에 더 가까이 가오니, 구세주의 보배피로서 나를 정결케 하소서.

평화와 기쁨을 주시는 하나님!

이 한반도에 은혜와 평강이 충만하게 되기를 소원하며 기도드립니다. 하나님의 영광이 이 땅에 임하사 평강이 넘치는 한반도가 되게 하옵소서.

역사를 주관 하시는 하나님! 광복 70주년을 맞아, 사방의 음침한 골짜기 북한 땅에 살아계신 하나님을 간절히 만나고자 하는 북한 동포들이 있사옵나이다. 저들을 찾아가서 절망 속에 있는 저들을 일으켜 주소서.

땅 끝인, 얼어붙은 북한 땅을 열어주시고, 마을마다 예배당이 세워져 이북교회가 다시금 십자가를 세워 주게 하소서. 하나 되게 하시는 하나님 지구상의 유일한 분단국가를 복음의 능력으로 남북통일이 되는 날이 속히 오게 하소서.

광야에서 만나와 메추라기를 내리신 주님!!
광복70 년을 맞아, 세계에서 2번째 가난한 나라에서 하나님의 보호하심으로, 세계 10위권의 경제 대국으로 한강의 기적으로 인도해 주신 은혜에 감사와 찬양을 드립니다.
그러나 지금 세계 경제와 맞물려, 대한민국의 경제도 어려움을 겪고 있사오니, 보혜사 성령의 인도로 제2한강의 기적이 일어나게 하소서.

눈먼자, 앉은뱅이, 38년 누워 있던 병자를 찾아오신 주님!!
주님 질병으로 인해 종일토록 근심하고, 마음의 평안이 없나이다. 육적으로 병들었고, 영적으로 나약해 졌나이다. 저들을 건지실 분은 오직 주님뿐이오니, 질병과 탄식에서 구원하여 주옵소서. 소경의 눈을 뜨게 하신 주님의 자비하심으로, 저들의 병을 고쳐주시옵소서.
특별히 김종규 권사를 보혈의 피로 씻어 주시고, 안수해 주셔서 하루속히, 치유의 은사를 베풀어 주소서.
혈우병 여인이 주님의 옷자락을 붙잡고, 병 고침을 받은 것처럼 치유의 은사, 능력의 은사를 믿습니다.

우리 청소년을 위하여 기도합니다.

좋으신 하나님 우리 자녀들에게 사랑을 베풀어 주소서. 세상에 빼앗긴 그들의 마음이 다시금 하나님의 마음에 합당한 꿈과 소망으로 충만하게 하소서. 복음으로 세상을 정복하고 다스리게 하소서.

대학을 졸업하고도, 취업난으로 어려움을 격고 있습니다. 노사화합으로 취업의 문을 열어 주소서. 우리 젊은 세대가 복음으로 건강히 일어날 수 있게, 도와주소서.

우리가정 온전한 가정으로 세워주시고, 그리스도의 사랑이 넘치게 하소서. 오직 주님 영광위해 사는 행복한 가정되게 하소서.

연로하신 성도님들 매일 은혜 속에 살게 하시고, 하나님께서 늙은 모세의 눈을 밝게 하시어 젖과 꿀이 흐르는 가나안 땅을, 바라보았듯이 하늘나라 바라보고, 겟세마네 동산까지, 주의 인도하심 따라 행복한 순례의 길이 되게 하소서.

주님의 몸 된 교회를 인도하시기 위해 노심초사 하시는 목사님과 교역자들에게 영력을 주셔서 주님의 양무리를 푸른 초장 잔잔한 물가로 인도 하시옵소서.

이 시간 내게 주시는 은혜의 말씀으로 강건한 믿음 갖게 하소서. 말씀이 삶이 되어, 작음 나를 통해 이웃사랑을 실천하게

하소서.

예배를 위해 수고하는 찬양대와 여러 손길위에도 주님의 사랑이 넘치게 하옵소서. 우리 교회를 위하여 애쓰시는 각 부서 담당자와 장로님 권사님 집사님 성도들에게 은혜 베푸시고, 이 시간 주님의 말씀을 배우고, 받고, 듣고, 본 바를 세상에 나가 행하면 평강의 하나님이 너희와 함께 계시리라는 주님의 말씀으로 축복을 내려 주소서.
들에 핀 백합화 한 송이에서도 하나님의 신비를 발견하기를 원하셨던 우리 주 예수님의 이름으로 기도 드립니다.

-아멘-

주일대표기도

2015. 08. 30.

전지전능하신 하나님!

아침저녁으로 선선한 바람이 불고, 귀뚜라미가 노래하고, 들녘에는 파란하늘 코스모스의 합창소리가 들려옵니다. 여름의 무더위와 폭우에도, 알알이 영그는 오곡백과를 보며, 여호와 하나님의 솜씨에 감사와 찬미로 영광을 돌립니다. 풀벌레 소리가, 우리의 귓전을 울릴 때, 우리 인생에도 가을이 온다는 사실을 깨닫고, 주님 앞에 겸손히 기도드립니다.

이 시간 나의 소리는 멈추고, 내 마음을 열고, 내 영혼을 열어 주님의 말씀 듣게 하소서. 주님을 바라보며, 내 영혼이 깨어있게 하소서. 가을에는 기도하게 하소서. 이 가을에는 낙엽이 질 때까지 나를 찾아오시는 주님을 만나를 귀한 시간 되게 하소서.

사랑이 풍성하신 하나님!

지난 한 주간, 주님께 드린 것 없어도, 부족한 저희들을 사랑하셨고, 주님께 충성하지 못해도, 크신 은혜 주셨고,

주님을 멀리 떠나 있어도, 변함없이 동행해 주셨나이다.

주님! 허물 많고 죄 많은, 저희를 예수의 보혈로 씻어 주시고, 크신 사랑의 손길로 붙드셔, 언제나 성령 안에서 기도하게 하시고, 성령의 도움 받아 순례의 길 가게 하소서. 이 가을 기도의 사람, 믿음의 사람 되게 하소서.

다윗처럼 말씀의 양식으로 온전하게 살아가려고, 이 시간 신흥교회 제단 앞에 나와, 마음 문을 활짝 열고, 주님을 바라봅니다. 우리 모두는 순간 같은 이 세상을 살아가지만, 하나님께서 예정하신 영원한 안식처를 바라보면서, 하루하루 한걸음 한걸음 하나님 가까이 걸어가게 해 주시니 그 크신 은혜에 감사드립니다.

자나 깨나 감사하신 하나님!

하나님을 부르면 연약함 속에서도 힘이 솟아납니다.

하나님을 바라보면 어둠 속에서도 빛이 보입니다.

하나님, 하나님이 옆에 계시면, 우리는 어떠한 고난도 두렵지가 않습니다.

하나님께 귀를 기울이면, 늘 소망의 소리가 들립니다.

하나님을 의지하면, 우리 마음은 화평과 사랑이 넘칩니다.
전주 도성에 주님의 교회 신흥교회가 반석위에 63주년을 맞이했습니다. 하나님의 영광이 늘 머무는 신흥교회 되게 하시고, 담임목사님을 중심으로 사랑으로 하나 되어, 은혜 넘치는 초대교회 모습으로 거듭나게 하소서.

한반도에 주의 은혜와 평강이 충만하기를 소원합니다. 영적으로 어두워지고 죄악으로 황폐한 이 나라, 복음의 물결이 다시 한 번 이 백성에 임하게 하옵소서.

우리의 자녀들에게 사랑을 베풀어 주소서. 은혜를 베풀어 주소서.
믿음을 주옵소서. 우리 자녀들이 하나님의 말씀을 기억하며, 하나님을 신뢰하며, 믿음으로 승리하게 하소사. 주님의 위대하신 이름을 높이며, 이 가을에 감사기도 드리게 하소서.

우리 주위에는 육체의 병마와 경제적으로 어려운 이들이 많이 있습니다. 저들의 고통을 덜어 주시옵고, 그 고통 가운데서도 소망을 갖고 다시 일어설 수 있도록 도와주시옵소서. 병중에 있는 성도들에게 하나님의 위로와 평강이 함께 하소서.

이 시간 주님의 이름으로 모이는 모든 이들의 기도와 찬송을 기뻐 받아 주시옵고, 일일이 응답해 주시옵소서. 하나님의 역사로 대한민국이 복음이 풍성한 선진국 되게 하시고, 하나님의 말씀으로 우리 모두 거듭나게 하소서.

이 자리에 참석하지 못한 성도님들이 어디서 무엇을 하든지 모두 기억해 주시옵고, 동행해 주시옵소서.

담임 목사님이 인도하는 이 예배가 아름다운 찬양과 함께 생명수가 넘치는 귀한 시간되게 하소서. 우리를 구원하신 예수님 이름으로 기도드리옵나이다.

-아멘-

성령강림절 **열두번째**

주일대표기도

2016. 08. 23.

"오직 성령이 너희에게 임하시면, 너희가 권능을 받고 예루살렘과 온유대와 사마리아와 땅 끝까지 이르러 내 증인이 되리라, 하시니라(행 1:8)"

이아침 주님의 거룩한 성전에서 기도로 주님을 만나는 귀한 시간 되게 하소서. 어느덧 골짜기 마다 푸른 녹음이 우거진 7월의 성령강림 주일입니다. 「바닷가에는 선 분홍 해당화가, 산야에는 하얀 찔레꽃이 아름답게 피어나고, 아카시아 향기 은은한 숲속에서 구슬픈 소쩍새 울음소리를 들을 수 있게 하시니 창조하신 주님의 솜씨가 참으로 아름답습니다.」 찬양과 영광을 드립니다. 이 아름다운 아침에 예수 샤론의 꽃 수선화

가 내 마음 속에 피어나 예수의 향기가 넘치게 하소서. 보혜
사 성령을 보내주신 하나님께 감사합니다. 이 시간 신흥교회
가 예루살렘 마가의 다락방이 되어 성령의 은총이 비둘기처
럼 임하게 하옵소서.

생명의 주인이신 구원의 하나님!
주님께서는 지상에서 33년의 짧은 생애를 마치고 부활 승천
하셨습니다.
이 땅에 계실 때 한없이 낮고, 끝없이 온유하셨던 분, 우리의
눈물을 씻어 주셨던 분, 허리를 낮춰 병든 자의 이마에 입 맞
추시고, 그 손을 잡아 일으키셨던 분, 창녀와 문둥병자, 세리
의 친구가 되셨던 분, 죽음을 꾸짖고 태풍을 잠재우셨던 그
분이 신의 아들이자 스스로 신이셨던 분이, 우리를 사랑하사
이 땅에 오셔 십자가에서 피 흘려 죽으시고, 부활하시어 승천
하시고, 약속하신대로 또 다른 보혜사 성령을 마가의 다락방
에 보내신 하나님!
그 한없고 끝없는 주님의 영원한 사랑에 영광과 존귀와 찬양
을 드립니다.

사랑의 하나님!
벌써 허락하신 한 해의 절반이 지나가고 있습니다.
주님과 함께 살아온 지난 6개월도 뒤 돌아보니, 어렵고 힘들

때 마다, 성령님의 영원한 날개 속에 품어주셨습니다. 오늘도 주님의 아름다운 성전에 갈대와 같이 연약하고 세상에서 상처 난 마음을 간직한 채 주님 앞에 머리 숙였습니다. 이 시간 내안에 죄악의 여리고성 무너지게 하소서. 내 속의 가시가 성령님의 도움으로 사도 바울 같이 향기로운 가시로 피어나게 하소서. 이 시간 저희를 긍휼히 여겨 주옵소서.

신흥교회 모든 성도들이 마가의 다락방에 부어주신 성령의 은총으로 말씀에 은혜 받고, 믿음으로 승리하고, 순종으로 축복받고, 간절한 기도에 응답받은 다윗처럼 어떠한 역경 속에서도, 비파와 수금으로 주님을 찬양하게 하소서. 이 예배를 통해 신흥교회 성도들이 주안에서 사랑과 희락과 평강과, 인내와 자비와 양선과, 충성과 온유와 절제의 성령의 9가지 열매 맺게 하소서.

이 나라를 위해 기도합니다.

이 민족의 눈물의 기도 외면하지 마시고, 평화통일이 이뤄지게 하소서. 우리나라가 북한의 핵 위협으로 큰 위협을 당하고 있습니다. 핵 위협으로부터 이 나라를 보호 해 주시고, 주님의 날개 속에 품어 주시어, 복음으로 남북이 통일되고, (모르드게)를 매달려던(하만)이 거꾸로 매달리는 날이 올 줄 믿습니다. 대통령에게 다윗 같은 지혜를 주시고 성령의 지팡이로 인도해 주소서. 이 나라 이 민족의 복음으로 세계를 밝히는 나라 되게 하소서.

여러 가지 질병으로 고생하는 성도 위해 기도합니다.
주님 저희가 질병으로 인해 종일토록 근심하고 마음의 평안이 없나이다. 육적으로 병들었고 영적으로 병들었나이다. 견딜 수 없는 고통에 너무나 낙심되었나이다. 가련한 영혼, 불쌍히 여기사 홍해를 가르신 주님의 능력으로, 사무엘을 잉태케 하신 주님의 사랑으로, 소경의 눈을 뜨게 하신 주님의 자비하심으로 저희의 병을 고쳐 주시옵소서, 치유의 은혜를 베풀어 주시옵소서.

우리의 자녀와 손자 손녀를 위해 기도합니다.
오늘도 험난한 세상길 가야하는 우리의 자녀, 손자 손녀에 지혜와 용기를 주옵소서. 우리의 자녀와 손자손녀가 험난한 세상 속에서, 레바론의 백향목처럼 올곧게 자라게 하시고 샤론의 수선화처럼 아름답게 꽃 피우게 하소서. 포도원의 향기처럼 예수의 향기가 넘치는 삶이 되게 보혜사 성령님 그 삶을 인도해 주소서. 그래서 하나님을 제일 사랑하고, 부모를 공경하고, 불우한 이웃을 사랑하는 선한 사마리아 사람처럼 주님의 귀한 자녀 되게 하옵소서. 주님의 사랑과 은총이 신흥교회 20구역 모든 가정에 가득하게 하소서.

가정의 달을 맞이하신 연로하신 부모님 위하여 기도합니다. 보혜사 성령님 함께 하셔서 지혜와 건강의 축복해 주시고 하늘나라 갈 때 까지 그 순례길이 주님께 영광 드리게 하소서. 바울처럼 선한 싸움을 다 싸우고 순례의 길 믿음으로 승리하게 하소서. 나머지 영생을 위한 삶에, 고통 없이 기쁨과 소망이 가득한 삶이 되게 하소서. 주님의 양들을 이끄시는 선한 목자에게도 능력을 주시어 성령의 열매, 말씀의 열매 맺어 성령의 은혜가 비둘기처럼 내리는 귀한 시간 되게 하소서. 이 시간 저희가 예배드릴 때, 하늘 문 여시고 시온의 영광으로 풍성하게 하실 예수 이름 받들어 기도합니다.

-아멘-

3. 선지자의 기도문

아브라함의 기도

주께서 의인을 악인과 함께 멸하시려나이까
그 성중에 의인 오십이 있을지라도 주께서 그곳을 멸하시고
그 오십 의인을 위하여 용서치 아니하시리이까
주께서 이같이 하사 의인을 악인과 함께 죽이심은 불가하오며
의인과 악인을 균등히 하심도 불가하니이다.
세상을 심판하시는 이가 공의를 행하실 것이 아니니이까
티끌과 같은 나라도 감히 주께 고하나이다.
오십 의인 중에 오인이 부족할 것이면
그 오인 부족함을 인하여 온 성을 멸하시리이까
거기서 사십인을 찾으시면 어찌 하시려나이까
내 주여 노하지 마옵시고 말씀하게 하옵소서
거기서 삼십인을 찾으시면 어찌 하시려나이까
내가 감히 내 주께 고하나이다
거기서 이십인을 찾으시면 어찌 하시려나이까
주는 노하지 마옵소서 내가 이번만 더 말씀하리이다.

거기서 십인을 찾으시면 어찌 하시려나이까 〈 창18:22-33 〉

하나님께서 아브라함에게 소돔과 고모라를 방문하는 목적을
말씀하셨습니다. "소돔과 고모라에 대한 부르짖음"(20절)의
진상을 확인해 보시겠노라 말씀하십니다. 이 말씀은 소돔과
고모라가 죄가 충만할 뿐 아니라 악한 일들이 많이 벌어져 억
울함을 호소하는 소리가 하나님에게까지 들렸다는 뜻입니다.
이 말은 들은 아브라함은 급한 마음이 들었습니다. 자신이 보
기에도 소돔과 고모라는 죄악의 소굴인데, 여호와께서 그곳
에 가 보신다면 그 도시는 멸망 받을 수밖에 없음을 잘 알기
때문입니다. 그래서 그는 하나님께 간절히 기도합니다.

아브라함의 기도는, 하나님께서 악한 자들을 심판하시는 것
은 당연하지만, 그 악한 자 중에 의인이 있다면 그 의인들은
얼마나 억울하겠느냐는 기도입니다. 아브라함은 "하나님, 소
돔과 고모라에 의인 50명이 있다면 어떻게 하시겠습니까?"라
고 질문합니다(24-25절). 마치 하나님과 타협하는 것처럼 보
입니다. 그럼에도 불구하고 하나님께서는 아브라함의 기도를
들어주시는데, 아브라함은 기회를 놓치지 않고 45인, 40인,
30인, 20인, 10인 식으로 의인의 수가 이 정도 적어도 하나님

의 뜻을 돌이키시겠는 지를 묻습니다.

사실 아브라함은 소돔과 고모라에 있는 의인들이 억울하게 죽는 것을 염려 했다기보다는, 할 수만 있다면 소돔과 고모라가 멸망되지 않기를 바라는 간절한 마음이었습니다. 그래서 많지 않은 수인 의인 50인을 하나님께 제의했는데, 하나님께서 아브라함의 뜻을 받아 주시겠다고 하셨습니다. 아브라함은 조카 롯이 살고 있는 도시 소돔과 고모라가 멸망당하는 것을 막기 위해 하나님께 간절히 중보 기도를 드린 것입니다.

하나님은 아브라함의 간절한 기도를 들어주셨습니다. 어떻게 보면 하나님과 흥정하는 것처럼 보이지만, 소돔과 고모라를 구하고자 하는 아브라함의 마음을 보시고, 아브라함이 제의한 의인의 수만 있어도 멸망하지 않겠다고 대답하셨습니다. 중보기도의 힘은 이처럼 큽니다. 외람되어 보이는 기도임에도 불구하고 하나님께서 응답해 주십니다.

오늘 이 사회를 바라보며 우리가 드려야 할 중보기도가 무엇인지 헤아려 봅시다. 부패한 이 사회의 마지막 보루는 우리들입니다. 우리가 이 사회를 위해 기도해야 할 뿐 아니라, 이 사회를 멸망에서 구원케 하는 의인 10인으로서의 삶을 살아야겠습니다.

야곱의 기도

야곱이 서원하여 가로되
"하나님이 나와 함께 계시사
내가 가는 이 길에서 나를 지키시고
먹을 양식과 입을 옷을 주사
나로 평안히 아비 집으로 돌아가게 하시오면
여호와께서 나의 하나님이 되실 것이요.
하나님께서 내게 주신 모든 것에서
십분 일을 내가 반드시 하나님께 드리겠나이다."
하였더라. 〈창28:20-22〉

  야곱만큼 파란만장하게 산 사람도 흔치 않을 것입니다. 오죽하면 야곱 자신도 본인의 일생에 대해 "험악한 세월을 보내었다"(창47:9)고 고백하고 있습니다. 그럼에도 그의 일생은 하나님께서 동행하시는 삶이었습니다. 에서가 받아야 할 이삭의 축복기도를 몰래 가로챈 결과, 야곱은 밧단아람으로 떠나게 됩니다. 가는 길에서 하룻밤 머물게 되는데, 하나님은 꿈을 통하여 야곱과 함께 계시며, 자손의 복과 땅의 복, 그리고 다시 고향으로 돌아오게 하신다는 하나님의 약속을 받습니다(창 28:12-15).

도망가는 신세가 되어 자기 홀로 남았다고 생각할 때, 내 곁에는 아무도 없다고 생각할 때, 하나님께서 먼저 찾아주신 내용에서 야곱의 인생은 펼쳐집니다. 하나님께서 찾아오신 것을 알고 깜짝 놀라며 자기가 있는 곳이 하나님의 전이요, 하늘의 문임을 깨닫고 하나님께 서원기도를 드립니다.

우리는 가장 절박한 문제 앞에서 서원기도를 하게 됩니다. 하나님이 늘 함께 계셔야 하고, 지켜 주셔야 삽니다. 먹을 것과 입을 것을 베풀어 주셔야 삽니다. 떠나는 자의 입장에서 돌아오고 싶은 마음이 얼마나 간절하겠습니까? 언젠가 돌아올 수 있다는 보장을 받고 떠난다면 얼마나 힘이 되겠습니까? 그러한 간절한 마음으로 야곱은 서원기도를 하였습니다. 하나님께서 야곱 자신과 함께 하시고, 동행하시고, 인도하신다는 것을 알았을 때 빠른 결단 속에서 서원을 합니다.

"여호와께서 나의 하나님이 되실 것이며, 여기 세운 이 돌이 하나님의 전이 될 것이요, 하나님께서 주신 것 중 십일조를 바치겠습니다."
내 인생의 중심은 하나님! 성전을 바치는 삶. 물질의 십일조를 바치는 삶. 이는 철저하게 하나님 중심으로 살겠다는 고백입니다.

우리는 대개 서원기도에 대해 부정적인 견해를 가지고 있습니다. 지키지 못함으로 말미암아 받을 저주에 대한 두려움 때문입니다. 하나님께 처절하게 기도드려야 할 상황임에도 불구하고 서원기도의 어려움만을 이유로 기도하지 못한다면 그 사람은 더욱 어리석습니다. 야곱의 서원기도 내용과 하나님 중심으로 살겠다고 고백하는 우리의 다짐은 큰 차이가 없습니다. 중요한 것은 하나님께서 친히 찾아오셔서 함께 하겠다고 말씀하실 때, 응답할 줄 아는 자세가 필요합니다. 야곱이 하나님의 사랑을 받으며 살게 된 이유는 중 하나는, 그가 비록 허물이 많다할 지라도 하나님 섭리 앞에서 빠르게 결단하고, 힘든 일이 있을 때 하나님께 의지하며 기도했다는 것입니다.

3월
사무엘의 기도

사무엘이 가로되 온 이스라엘은 미스바로 모이라
내가 너희를 위하여 여호와께 기도하리라 하매
그들이 미스바에 모여 물을 길어 여호와 앞에 붓고
그 날에 금식하고 거기서 가로되
우리가 여호와께 범죄하였나이다 하니라
사무엘이 미스바에서 이스라엘 자손을 다스리니라
이스라엘 자손이 미스바에 모였다 함을 블레셋 사람이 듣고
그 방백들이 이스라엘을 치러 올라온지라
이스라엘 자손이 듣고 블레셋 사람을 두려워하여
사무엘에게 이르되 당신은 우리를 위하여
우리 하나님 여호와께 쉬지 말고 부르짖어
우리를 블레셋 사람의 손에서 구원하시게 하소서
사무엘이 젖 먹는 어린 양을 취하여
온전한 번제를 여호와께 드리고

이스라엘을 위하여 여호와께 부르짖으매 여호와께서 응답하셨더라. 〈삼상7:5-9〉

　미스바는 베냐민 지파에 속한 지역으로, "망대"란 뜻을 가지고 있는 장소입니다. 이스라엘이 영적으로 타락한 상태에서 미스바(망대)로 모이라고 한 것입니다. 하박국 선지자가 망대에서 왜 악인이 흥왕하는가 고민하고 있을 때, "의인은 믿음으로 말미암아 산다"는 하나님의 음성을 듣게 되었듯이, 망대에서 특별한 하나님의 은혜를 체험하게 됩니다.

이스라엘은 하나님을 상징하는 법궤를 가지고 전쟁에 나가면 이길 줄 알았다가 그만 블레셋 군대에게 법궤를 빼앗기는 수치를 당하게 됩니다. 그런 세월 20년이 흘러서야 비로소 백성들이 여호와를 사모하게 됩니다. 이때 사무엘은 모든 백성이 이방신을 버리고 하나님만을 섬기는 뜻으로 미스바에 모이게 하고, 백성을 대표하여 하나님께 기도 드렸습니다.

　사무엘은 금식하며 백성을 대신하여 참회의 기도를 드립니다. 그는 "우리가 여호와께 범죄하였나이다"(6)라고 부르짖습니다. 하나님과의 관계가 잘못되어 어려운 일을 당할 때 하나님께 드려야 할 기도는 바로 "우리가 여호와께 범죄하였나이다"입니다. 하나님과의 관계가 바로 서지 않고는 우리에게 닥친 상황들을 극복할 수 없습니다. 문제의 원인이 하나님과의 어그러진 관계 때문이라면 바로 참회의 기도부터 해야 합니다.

블레셋의 침략은 사탄의 공격을 의미합니다. 마귀는 기도하지 못하도록 환경을 조성하며, 기도하려고 마음을 먹으면 방해를 합니다. 사무엘이 "이스라엘을 위해 여호와께 부르짖으매 여호와께서 응답하셨다"(9)고 성경은 기록하고 있습니다. 하나님과의 잘못된 관계를 회복하면, 하나님께서 친히 마귀와 대적하셔서 물리쳐 주십니다.

위기 극복을 위해서는 모여야 하고 기도해야 합니다. 모여서 새로운 성경 지식을 배우고 뜨거운 마음을 갖기를 위하는 마음도 있지만, 무엇보다도 기도하는 것이 중요합니다. 기도의 능력이 사라지고, 그 의미를 잃게 되면 위기를 극복하지 못합니다. 교회는 망대처럼 모든 것을 바라보면서 기도하는 장소입니다. 산에서 기도하는 것도 좋지만 가장 좋은 기도 장소는 교회입니다. 늘 교회에 모여서 회개하며 기도하는 백성이 되어야 합니다.

4월

다윗의 기도

주 여호와여 나는 누구오며 내 집은 무엇이관대
나로 이에 이르게 하셨나이까?
주 여호와여 주께서 이것을 오히려 적게 여기시고
또 종의 집에 영구히 이를 일을 말씀하실 뿐 아니라
주 여호와여 인간의 규례대로 하셨나이다.
주 여호와는 종을 아시오니 다윗이 다시 주께 무슨 말씀을 하
오리이까
………
여호와 하나님이여 이러므로 주는 광대하시니
이는 우리 귀로 들은대로는 주와 같은 이가 없고
주 외에는 참 신이 없음이니이다.
………
여호와 하나님이여 이제 주의 종과 종의 집에
대하여 말씀하신 것을 영원히 확실케 하옵시며

말씀하신대로 행하사
사람으로 영원히 주의 이름을 높여 이르기를
만군의 여호와는 이스라엘의 하나님이라 하게 하옵시며
주의 종 다윗의 집으로 주 앞에 견고하게 하옵소서.
....
이제 청컨대 종의 집에 복을 주사
주 앞에 영원히있게 하옵소서
주 여호와께서 말씀하셨사오니
주의 은혜로 종의 집이 영원히 복을 받게 하옵소서.
〈삼하 7:18-29〉

　양치는 목동이었던 다윗은 하나님의 뜻에 의해 이스라엘의
제2대 왕으로 기름부음을 받습니다. 그는 오랜 기간 동안 아
비나답의 집에 있던 하나님의 궤를 모셔 오고, 하나님의 궤가
성막에 있는 것을 안타깝게 여기게 되었습니다. 하나님은 다
윗을 기쁘게 여기시고, 다윗에게 "내가 너를 인정하여 왕으로
삼았고 네 백성들을 평안하게 하겠다. 너의 집안에 복 내려
한 왕조가 되게 하여 대대손손 왕위를 이어가도록 하겠다"고
하십니다. 다윗은 하나님의 말씀을 듣고 기뻐 성막에 들어가

감사 기도를 드립니다.

　다윗은 "제가 무엇이관대 이런 왕위를 제가 차지할 수 있단 말입니까?"라고 감격하면서 하나님께 감사하고 있습니다. 많은 사람들은 지위가 올라갈수록 그것을 자신의 노력에 의해 얻은 것으로 생각하는 경향이 있습니다. 그래서 하나님께 감사하는 생각을 잃어버리게 됩니다. 그러나 다윗의 하나님의 은혜에 감사하며 기도드리는 것입니다.

다윗은 "하나님 외에 이런 분 없습니다. 우리 민족을 구원하시기 위해 친히 이런 일을 하셨습니다. 주님만이 우리의 하나님 되십니다"라고 기도합니다. 지나온 날들에 대해 기억할 줄 알고, 그것으로 감사와 찬양을 할 줄 아는 다윗의 모습을 통해 하나님께서 다윗을 사랑하신 이유를 알게 됩니다.

나아가 다윗은 "종의 집에 영원히 복 내려 주옵소서"라고 기도합니다. 주실 것에 대해서도 간절히 사모하는 마음으로 기도할 때 하나님은 함께 하십니다.

　우리도 하나님께 받은 은혜를 감사하며, 하나님의 사랑을 찬양할 수 있어야 합니다. 하나님께 감사하며 살 때 하나님께서는 새로운 기회를 허락하십니다.

솔로몬의 기도

솔로몬이 가로되
주의 종 내 아비 다윗이 성실과 공의와
정직한 마음으로 주와 함께 주의 앞에서 행하므로
주께서 또 저를 위하여 이 큰 은혜를 예비하시고
오늘날과 같이 저의 위에 앉을 아들을 저에게 주셨나이다.
나의 하나님 여호와여,
주께서 종의 아비 다윗을 대신하여 왕이 되게 하셨사오나
종은 작은아이라
출입할 줄을 알지 못하고 주의 빼신 백성 가운데 있나이다.
저희는 큰 백성이라 수효가 많아서
셀 수가 없고 기록할 수도 없사오니
누가 주의 이 많은 백성을 재판할 수 있사오리까
지혜로운 마음을 종에게 주사
주의 백성을 재판하여 선악을 분별하게 하옵소서.
〈왕상3:6-9〉

다윗에게는 훌륭한 아들들이 여럿 있었지만, 하나님의 은혜로 왕위에 오르게 되었습니다. 그는 왕이 된 후 기브온 산당에서 일천 번제를 드렸습니다. 그러자 하나님께서 솔로몬을 기특하게 여기시고 "내가 너에게 무엇을 주기를 바라느냐, 내게 구하라"는 말씀을 하십니다. 이에 솔로몬은 하나님께 소원의 기도를 드립니다.

솔로몬은 먼저 왕위를 허락하신 하나님께 감사를 드립니다. 그리고 우리가 잘 알고 있는 것처럼 "지혜"를 구합니다. 우리는 이 말씀에 근거하여 "지혜"를 구하는 것이 좋은 일이라고 믿고, 자녀를 위해서도 이 말씀에 근거하여 지혜를 구하고 있습니다. 솔로몬처럼 지혜를 구하는 것도 중요하지만 더 관심 있게 보아야 할 것은 무엇 때문에 솔로몬이 지혜를 구했는가를 아는 것입니다.
솔로몬은 사적인 지적 욕구를 충족시키기 위해 지혜를 구한 것이 아니라 백성들을 다스릴 때 자신의 힘으로는 할 수 없음을 고백하며, 오직 지혜의 근본이신 하나님께서 지혜를 주셔야 제대로 재판할 수 있고, 선과 악도 분별할 수 있다고 기도했습니다. 하나님께서는 백성들을 생각하고, 좋은 정치를 하기 위해 지혜를 구하는 솔로몬을 기뻐하셨습니다. 솔로몬은 좋은 정치는 인간의 지혜가 아니라 하나님께서 주시는 지혜로 말미암는다는 것을 잘 알고 간구했기 때문입니다.

하나님께서는 솔로몬의 기도에 지혜만 주신 것이 아니라 부귀와 영화도 주어 솔로몬과 견줄만한 사람이 없을 정도로 잘 되게 하겠다고 약속하셨습니다. 또 하나님의 말씀을 잘 순종하면 오래 사는 복도 주시겠다고 말씀하셨습니다.

바르게 간구한다는 것이 얼마나 중요한 일인가를 보여주는 내용입니다. 백성 즉, 다른 사람을 위해 사용될 수 있는 것을 위해 간구하면 하나님께서 기뻐하신다는 내용을 잊지 맙시다. 우리들도 나의 이익과 내 집의 안일과 잘 사는 것만을 간구하지 말고, 나라와 민족과 교회를 위해서 지혜를 구하는 하나님의 백성이 되어야 하겠습니다.

엘리야의 기도

저녁 소제 드릴 때에 이르러
선지자 엘리야가 나아가서 말하되
아브라함과 이삭과 이스라엘의 하나님 여호와여
주께서 이스라엘 중에서 하나님이 되심과
내가 주의 종이 됨과
내가 주의 말씀대로 이 모든 일을 행하는 것을
오늘날 알게 하옵소서
여호와여 내게 응답하옵소서.
내게 응답하옵소서.
이 백성으로 주 여호와는 하나님이신 것과
주는 저희의 마음으로 돌이키게 하시는 것을
알게 하옵소서. 〈왕상 18:36-37〉

선지자 엘리야가 살던 시대는 하나님 보시기에 합당치 않은 이스라엘 왕 아합이 통치하고 있었습니다. 아합은 바알과 아세라를 섬기는 등 우상숭배에 전념하여 역대 이스라엘 왕 중에서도 악한 왕으로 기록됩니다. 하나님께서 이스라엘을 악하게 보시고 3년 반 동안 비를 내리지 않으셔서 극심한 가뭄에 빠집니다.

그 후, 하나님께서 비를 주시기를 약속하셨으며, 이것을 백성들에게 전하기에 앞서서 엘리야는 갈멜산에서 바알과 아세라를 섬기는 선지자 850명과 그들이 섬기는 신이 참 신인지, 여호와 하나님이 참 신인지 대결할 것을 제의합니다.

엘리야는 하나님의 말씀을 전하며, 하나님의 계획에 따라 하나님의 일을 대행하는 선지자임에도 불구하고, 하나님의 능력을 구하고 있습니다. 왜냐하면 백성들에게 하나님이 살아 계시다는 증거를 보여 이스라엘 백성들로 여호와만이 참 하나님이심을 드러내야 했기 때문입니다.

먼저 바알신을 섬기는 자들이 바알의 응답의 불을 기다렸지만 아무런 일도 나타나지 않았습니다. 그때 엘리야는 "주의 제단을 고쳐 쌓고, 도랑을 파고 물을 붓고" 하나님께 기도 드렸습니다. "주여, 응답하옵소서. 이 백성으로 하여금 여호와께서 우리의 주 하나님이시며, 그들의 마음을 돌이키게 하시는 하나님이신 것을 알게 하여 주옵소서"라고 간구합니다.

엘리야의 기도가 끝나자 바알 선지자들의 제사 때와는 달리 여호와의 불이 떨어져, 제물은 물론 나뭇단, 돌, 흙 그리고 도랑에 있던 물까지 모두 말라 버렸습니다. 이런 증거를 통해서 엘리야가 듣기 원했던 백성들의 신앙고백이 터져 나옵니다. "여호와 그는 하나님이시로다."

엘리야는 하나님의 명령에 따라 그대로 실천하면 되는 사람임에도 불구하고 기도의 사람이었습니다. 엘리야는 이제 비가 내리기를 기도합니다. "땅에 꿇어 엎드려 얼굴을 무릎 사이에 넣고, 몇 번이고 반복하여" 기도합니다.

하나님의 일을 함에 있어 하나님께서 시키시는 일만 할 수도 있지만, 진정 백성을 사랑하여 하나님의 뜻이 속히, 그리고 좋게 이루어지기를 바랐던 엘리야의 심정을 읽을 수 있어야 합니다. 야고보는 엘리야를 가리켜, "우리와 성정이 같은 사람이지만 비 오지 않기를 간구하니 3년 반 동안 비가 오지 않았고, 비 오기를 간구하니 비가 내리고 열매를 맺었다"(약 5:17-18)고 말하며, 그러기에 우리도 이같이 기도하면 응답된다고 권면 합니다.

히스기야의 기도

여호와여 구하오니
내가 주의 앞에서 진실과 전심으로 행하며
주의 목전에서 선하게 행한 것을 추억하옵소서.
....

내가 말하기를 내가 중년에 음부의 문에 들어가고
여년을 빼앗기게 되리라 하였도다.
내가 또 말하기를 내가 다시는 여호와를 뵈옵지 못하리니
생존세계에서 다시는 여호와를 뵈옵지 못하겠고
내가 세상 거민 중에서 한 사람도 다시는 보지 못하리라 하였
도다.
....

주께서 내게 말씀하시고 또 친히 이루셨사오니
내가 무슨 말씀을 하오리이까
내 영혼의 고통을 인하여 내가 종신토록 각근히 행하리이다

주여 사람이 사는 것이 이에 있고 내 심령의 생명도 온전히 거기 있사오니

원컨대 나를 치료하시며 나를 살려 주옵소서.

보옵소서 내게 큰 고통을 더하신 것은 내게 평안을 주려 하심이라

주께서 나의 영혼을 사랑하사 멸망의 구덩이에서 건지셨고 나의 모든 죄는 주의 등 뒤에서 던지셨나이다.

………

여호와께서 나를 구원하시리니

우리가 종신토록 여호와의 전에서 수금으로 나의 노래를 노래하리로다. 〈사 38:2-3, 10-20〉

유다왕 히스기야는 그 당시 역대 왕들 중에서 비교적 하나님께서 원하시는 뜻대로 살려고 했던 왕입니다. 앗수르의 산헤립이 쳐들어오려고 선전포고할 때에도 그는 간절히 하나님께 기도드렸습니다. 하나님께서는 이런 모습을 좋게 여기시고 이길 것을 미리 가르쳐 주시고 싸우게 하셨고 산헤립이 죽은 것으로 끝맺도록 도와주셨습니다. 또한 히스기야는 유월절을 앞두고 백성들이 하나님께 죄 지은 것을 대표하여 용서

를 비는 기도를 드립니다. 여기서도 하나님께서는 히스기야의 기도를 들으셔서 백성들의 아픈 마음을 고쳐주십니다. 이런 히스기야가 곧 죽게 될 것이라는 이사야 선지자의 말을 듣게 됩니다. 얼마나 기가 막히겠습니까? 그래서 히스기야는 벽을 쳐다보며 기도하고 통곡을 합니다.

우리도 그와 같은 처지라면, "제가 하나님 안에서 바르게 살려고 한 것을 보아서라도 살려 주세요. 저 진실하게 살았잖아요. 온전한 마음으로 순종하며 살았잖아요. 주님 보시기에 선한 일을 하려고 노력했잖아요. 하나님!" 하고 기도할 것입니다.

죽음 앞에 선 히스기야는 벽을 바라보며, 통곡하고 있습니다. 하나님은 히스기야의 기도와 눈물을 보시고 병을 고쳐 주시겠다고 말씀하십니다. 그것도 정확하게 15년 더 살게 해 주신다고 하셨습니다. 하나님은 그 증거로 생명의 시간과 관계되는 일영표(해시계)가 10도 뒤로 물러가는 것을 보이셨습니다. 뿐만 아니라 앗수르로부터 나라를 보호하여 왕권도 튼튼하게 하시겠다고 약속해 주셨습니다.

절박한 상황에서 눈물 흘려 기도하는 자의 기도를 들으시는 하나님의 모습을 봅니다. 하나님께서 정하신 일도 긍휼히 여기시면 하나님께서 연기해 주시는데, 사람이 정한 일이라면 얼마든지 변경될 수 있지 않겠습니까? 정해진 일이라고 체념하지 말고, 눈물로 기도로 하나님의 마음을 움직일 수 있는 기도의 사람이 되어야 하겠습니다.

다니엘의 기도

크시고 두려워할 주 하나님,
주를 사랑하고 주의 계명을 지키는 자를 위하여
언약을 지키시고 그에게 인자를 베푸시는 자시여
우리는 이미 범죄하여 패역하며 행악하며 반역하여
주의 법도와 규례를 떠났사오며
우리가 또 주의 종 선지자들이
주의 이름으로 우리의 열왕과 우리의 방백과 열조와
온 국민에게 말씀한 것을 듣지 아니하였나이다.
....
그러하온즉 우리 하나님이여
지금 주의 종의 기도와 간구를 들으시고
주를 위하여 주의 얼굴빛을 주의 황폐한 성소에 비춰시옵소
서.
나의 하나님이여 귀를 기울여 들으시며

눈을 떠서 우리의 황폐된 상황과
주의 이름으로 일컫는 성을 보옵소서.
우리가 주의 앞에 간구하옵는 것은
우리의 의을 의지하여 하는 것이 아니요
주의 큰 긍휼을 의지하여 함이오니 주여 들으소서 주여 용서
하소서
주여 들으시고 행하소서 지체치 마옵소서.
나의 하나님이여 주 자신을 위하여 하시옵소서
이는 주의 성과 주의 백성이 주의 이름으로 일컫는 바 됨이니
다. 〈다니엘 9:4-19〉

　유다나라는 바빌론의 침공으로 인해 예루살렘이 함락되고
왕족과 귀족의 자제들은 바빌론 문화정책에 의해 바빌론 왕
궁에서 어학과 문화를 배우게 되는데, 그 중 한 사람이 다니
엘입니다. 그는 처음부터 뜻을 정하여 자신을 더럽히지 않으
려 힘씁니다. 그런 다니엘은 하나님께 인정받아 지혜와 꿈을
해석하는 능력까지 받고, 외국인 신분임에도 불구하고 출세
가도를 달리게 됩니다.
하지만 다니엘이 최고 권력자 3인방에 오를 만큼 유명해지자

다니엘을 음해하려는 왕의 측근들이 "30일 동안 왕 이외의 것에 기도하는 자는 사자굴에 집어넣기로 하는" 악법을 만들어 선포합니다. 그럼에도 불구하고 다니엘은 여전히 예루살렘을 향하여 하루 세 번 하나님께 기도를 드리는(6:1-10) 기도의 사람이었습니다.

다니엘은 지난날 백성들이 하나님께서 깨달을 수 있도록 끊임없이 말씀해 주셨지만, 그 말씀을 듣지 않았기 때문에 나라가 망한 것을 알고 회개합니다. 현재 고난당하는 이유가 무엇인지 바로 알고 회개하는 것은 중요한 일입니다. 그리고 그는 주님의 자비와 긍휼로 인한 회복을 간구합니다. 다니엘은 주의 성전이 복구되고 도성이 회복되기를 바라고 있습니다. 이는 하나님께서 이스라엘 백성을 용서하실 때에만 이루어질 수 있다는 것을 잘 알고, 하나님의 자비로 회복시켜 주시기를 간구합니다.

다니엘이 기도할 때 가브리엘 천사가 나타나 하나님께서 정하신 고통의 시간과 그 이후에 있을 영적 회복과 성전 보수의 일들이 어떻게 이루어질 것인지를 가르쳐 줍니다. 하나님께서는 정한 시간을 강조하십니다. 하나님의 계획과 과정 속에서 이루실 훈련의 의도가 있기 때문입니다.

하나님의 뜻을 알기 위하여 우리도 다니엘처럼 기도해야 합니다. 하나님의 용서가 있지 않고는 회복될 수 없다는 것을 알고 먼저 하나님께 회개해야 합니다. 또 우리 민족의 현실을 자신의 일로 알고 기도할 수 있어야 합니다. 그리고 바로 이루어지지 않는다고 해도, 하나님께서 이루실 계획을 알고, 그 시간을 기다리는 태도가 필요합니다.

9월
요나의 기도

내가 받은 고난을 인하여 여호와께 불러 아뢰었삽더니
주께서 내게 대답하셨고
내가 스올의 뱃속에서 부르짖었삽더니
주께서 나의 음성을 들으셨나이다.
주께서 나를 깊음 속 바다 가운데 던지셨으므로 큰물이 나를
둘렀고
주의 파도와 큰 물결이 다 내 위에 넘쳤나이다.
....
내가 산의 뿌리까지 내려갔사오며
땅이 그 빗장으로 나를 오래도록 막았사오나
나의 하나님 여호와여 주께서 내 생명을 구덩이에서 건지셨나
이다.
내 영혼이 내 속에서 피곤할 때에
내가 여호와를 생각하였삽더니

내 기도가 주께 이르렀사오며 주의 성전에 미쳤나이다.
무릇 거짓되고 헛된 것을 숭상하는 자는
자기에게 베푸신 은혜를 버렸사오나
나는 감사하는 목소리로 주께 제사를 드리며
나의 서원을 주께 갚겠나이다.
구원은 여호와께로 말미암나이다. 〈욘 2:2-9〉

　요나는 자기들의 원수가 되는 니느웨로 가서 회개를 촉구하라는 하나님의 명령을 받았지만, 그들을 돕기 싫어서 하나님 몰래 반대쪽인 다시스로 떠나는 배를 탑니다. 그런데 다시스로 가는 배가 폭풍에 의해 거의 파선 직전에 이르게 됩니다. 여기서 누구로 인해 이런 어려움을 당하는 지 심지를 뽑는데 요나가 뽑힙니다. 결국 자신의 죄로 인해 많은 사람들이 죽을지도 모른다는 생각을 하게 되었고 자신의 죄를 고백합니다. 이로 인해 요나는 배의 안전을 위해 풍랑 이는 바닷물에 버려지는 신세가 됩니다. 이제는 자신 스스로 선택의 여지가 없습니다. 하나님의 은혜로 사느냐, 죽느냐의 문제만 남아 있을 뿐입니다. 이럴 때 여러분은 어떻게 하시겠습니까?
　물고기 뱃속에서 요나는 부르짖습니다. "주님께서 제 기도를 들으시고 살려 주세요. 그냥 두시면 저는 죽습니다. 제가 비록 이런 신세가 되었다 할지라도 하나님의 성전을 사모하고, 하나님의 도우심을 간절히 바랄 뿐입니다. 저는 믿습니다. 하나님은 저를 이대로 두시지 않고 살려 주실 줄 믿습니다. 제가 비록 어리석어서 하나님의 뜻을 저버렸지만 하나님께서 살려 주시면 하나님과의 약속을 분명히 지키겠습니다.”

요나의 회개와 서원의 기도가 끝나자 하나님께서 물고기에게 명령하셔서 요나를 육지에 토하게 하십니다. 아주 즉각적인 반응을 보여 주셨습니다. 그리고 요나는 하나님과 약속한 대로 하나님의 말씀을 니느웨 성에 증거하러 떠납니다. 그리고 “사십일이 지나면 니느웨 성이 무너지리라”는 말씀을 외친 지 얼마 지나지 않아 뜻밖의 일들을 경험합니다. 하나님도 잘 모르고, 죄를 많이 범하는 사람들이어서 변화될 가능성이 없을 줄 알았던 니느웨 성 사람들이 왕으로부터 짐승에 이르기까지 하나님께 회개했습니다.

사명을 맡은 자는 자신의 의지나 판단으로 행하는 것이 아닙니다. 하나님께서 원하시는 대로 행할 뿐입니다. 혹 잘못된 생각을 품고 하나님의 뜻과 반대의 길로 갈지라도 결국은 하나님께서 그를 연단시켜서라도 하나님의 일을 시키십니다.

순종하며 사는 것이 옳은 길이지만 설령 그리 못하였다할지라도 하나님께서 경고하시면 바로 무릎을 꿇고 하나님께로 방향전환을 하는 삶이 되어야 하겠습니다.

욥의 기도

주께서는 무소불능하시오며
무슨 경영이든지 못 이루실 것이 없는 줄 아오니
무지한 말로 이치를 가리우는 자가 누구니이까
내가 스스로 깨달을 수 없는 일을 말하였고
스스로 알 수 없고 헤아리기 어려운 일을 말하였나이다.
내가 말하겠사오니 주여 들으시고
내가 주께 묻겠사오니 주여 내게 알게 하옵소서.
내가 주께 대하여 귀로 듣기만 하였삽더니
이제는 눈으로 주를 뵈옵나이다.
그러므로 내가 스스로 한하고 티끌과 재 가운데서 회개하나
이다. 〈욥기 42:1-6〉

하나님과 사람 앞에서 완전하고 하나님의 축복을 받으며 행복하게 살고 있던 욥에게 어느 날 갑자기 하나님의 허락을 받은 사단의 시험으로 전 재산과 전 자녀를 잃고 온 몸에 견딜 수 없는 질병까지 얻어서 아내와 사회로부터 버림받은 신세로 전락되었습니다.

욥의 입장에서 보면 도저히 그 원인을 이해할 수 없고, 또 그 고통에 대해 수용할만한 이유도 찾지 못한 채, 인간이 겪을 수 있는 절대 고통에 직면하게 된 것입니다.

또한 욥은 내심 그 고통을 당연한 것으로 받아들일만한 도덕적, 종교적 하자가 없었기에 욥이 극한 체험은 그 긴장이 배가되고 있습니다. 그리하여 욥과 그의 세 친구들, 그리고 엘리후와 더불어 욥의 고난에 대한 긴 변론을 합니다. 하지만 최후에는 하나님께서 등장하여 이 문제에 대해 말씀하심으로 듣는 자가 결국에는 진리를 깨닫는 방식으로 욥기는 진행됩니다.

욥은 하나님의 전지전능과 무소불능을 강조하며, 자신이 얼마나 어리석은 존재였는가를 고백하며, 자기 나름대로의 지식이 다인 줄 알아 함부로 말하였던 것을 회개합니다. 욥은 회개의 기도와 함께 자신이 알아들을 수 있도록 말씀해 주시기를 간구합니다.

하나님께서는 욥의 세 친구에게 욥과의 변론에서 그들의 주장이 잘못되었음을 지적하시면서, "욥과 더불어 번제를 드리고, 욥이 너희들을 대신하여 용서의 기도를 드리면 하나님께서도 용서하시겠다"고 말씀하셨습니다. 욥이 친구들을 위해 용서의 기도를 드릴 때, 하나님께서 세 친구에게는 잘못을 용서해 주셨고, 욥에게는 곤경에서 벗어나게 하시며, 그 전 소유보다 갑절의 소유의 허락해 주셨습니다. 깨닫고 난 후에 받는 복이 더 귀하고 아름답습니다.

우리의 신앙이 대단한 것 같지만 어떤 면에서 보면 아주 흐릿한 믿음에 불과할 때가 많습니다. 욥의 말처럼 "들어서 아는" 믿음인 경우가 많습니다. 그러나 고난의 과정을 통해 연단되고 하나님의 섭리를 깨우치면 "눈으로 보듯" 확연히 하나님을 체험합니다. 하나님 앞에서, 듣는 것과 보는 것만큼의 차이를 경험한 것이 욥의 고난의 의미입니다.

하나님께서는 욥의 문제만이 아니라 인류가 가지고 있는 궁극적 문제는 지상적인 것으로는 해결될 수 없고 하나님의 개입으로만 해결될 수 있음을 말씀하십니다. 인간 지혜의 한계성과 하나님의 전지전능하심이라는 극한 대조를 통하여 세상적인 판단 기준이나 자신의 경험을 접어두고 오직 하나님께 순종하며, 하나님께 지혜를 추구해야 함을 가르쳐 주십니다. 이에 자기의 친구들에게 자기의 의로움을 주장하던 욥이 하나님 앞에서 침묵하다가 자신의 미천함을 고백하고 회개합니다.

아굴의 기도

내가 두 가지 일을 주께 구하였사오니
나의 죽기 전에 주시옵소서
곧 허탄과 거짓말을 내게서 멀리 하옵시며
나로 가난하게도 마옵시고 부하게도 마옵시고
오직 필요한 양식으로 내게 먹이시옵소서.
혹 내가 배불러서 하나님을 모른다
여호와가 누구냐 할까 하오며
혹 내가 가난하여 도적질하고
내 하나님의 이름을 욕되게 할까 두려워함이니다.
〈잠언 30:7-9〉

  아굴은 자신이 다른 사람에 비해 지혜도 없고 총명도 없고 하나님을 아는 지식도 없는 사람이라고 말하지만, 인생의 깊은 경험을 한 후 사람이 살면서 가장 중요한 것이 무엇이며,

기도해야 할 것이 무엇인지를 아는, 그야말로 진정 하나님께 구할 것이 무엇인지를 아는 사람이었습니다.

"프랑스인은 생각한 뒤에 달리고, 영국인은 걸어가면서 생각하고, 스페인 사람은 달리고 나서 생각한다"는 말이 있습니다. 스페인 사람이 달리고 나서 생각하는 것처럼, 우리가 기도할 때 기도하고 나서 "내가 무슨 기도를 했는가?"하고 생각한다면 문제입니다. 우리는 기도할 때 하나님께 무엇을 구해야 하는지 먼저 생각하고 기도해야 합니다.

아굴에게는 두 가지의 기도 제목이 있었습니다. 이것은 그의 기도가 기도하기 전에 무엇을 구할 것인지를 먼저 생각하고 정하여 기도하였던 것임을 가리키는 것입니다. 우리도 기도할 때 무엇을 구할지 먼저 생각하고 기도해야 하겠습니다.

전도서 5:2에 보면, "너는 하나님 앞에서 함부로 입을 열지 말며 급한 마음으로 말을 내지 말라"고 말씀하셨는데, 이것은 우리가 기도할 때에 신중하게 생각하고 하라는 말입니다. 우리에게 필요한 것이 무엇인지, 우리의 마음에 소원하는 것은 무엇인지, 그리고 하나님께서 어떻게 해주시기를 바라는지에 대하여 미리 생각하면서 기도하면, 하나님 앞에서 급한 마음으로 함부로 입을 열지 않게 되고, 중언부언하는 기도가 아닌 준비된 믿음의 기도를 하게 되는 것입니다.

아굴은 "나의 죽기 전에 주시옵소서"라고 했는데, 이 기도에는 두 가지 의미가 있습니다. 첫째는 기도를 계속하고 있다는 사실입니다. "죽기 전까지"는 죽기까지 계속해서 기도를 한다는 말입니다. 이것은 참으로 귀한 일입니다. 우리는 주님 앞에 가는 그 순간까지 계속해서 기도하는 것을 쉬어서는 안 됩니다. 기도하기를 쉬는 것은 하나님 앞에서 죄가 되는 것입니다.

사무엘은 "나는 너희를 위하여 기도하기를 쉬는 죄를 여호와 앞에 결단코 범치 아니하겠다(삼상 12:23)"고 했습니다. 새벽기도를 하다가 쉬지 말아야 합니다. 저녁에 잘 때와 아침에 일어나서 기도하는 것을 쉬지 말아야 합니다.

토레이(Toray) 목사님은 "어떤 사람들은 무엇을 얻기 위하여 얼마동안 기도하다가 그 기도가 성취되지 않으면 이 기도가 하나님의 뜻이 아닌가보다 하고서 그 기도를 그만 두는데 그것은 잘못된 일이다. 기도를 시작하였으면 끝까지, 이루어질 때까지 계속해야 한다."고 했습니다. 무시로 성령 안에서 기도를 계속하고, 우리가 나름대로 정해 놓고 하는 기도를 쉬지 말고 해야 하겠습니다(엡 6:18). 낙망치 말고 끈기 있게 기도하는 기도의 사람들이 되어야 하겠습니다.

야베스의 기도

야베스가 이스라엘 하나님께 아뢰어 가로되 원컨대
주께서 내게 복에 복을 더하사
나의 지경을 넓히시고
주의 손으로 나를 도우사
나로 환난을 벗어나 근심이 없게 하옵소서
하였더니 하나님이 그 구하는 것을 허락하셨더라.
〈역대상 4:9-10〉

  야베스의 이름은 '고통의 아들'이라는 뜻입니다. 아마도 그가 출생할 때에 그의 환경이 좋은 편은 아니었던 같습니다. 그의 어머니가 야베스를 낳고 말하기를 "내가 수고로이 낳았다"고 했습니다. 야베스는 열악한 환경에서도 하나님께 인정받는 삶을 살았습니다. 그것은 고통의 사람 야베스가 하나님께 "원컨대 주께서 내게 복에 복을 더하사 나의 지경을 넓히시고 주의 손으로 나를 도우사 나로 환난을 벗어나 근심이 없게 하옵소서"라고 기도를 했습니다. 그의 기도에 하나님께서 그대로 응답해 주셨기 때문입니다.

야베스가 하나님께 구한 핵심은 복입니다. 인간은 복을 갈구하는 존재입니다. 복을 위해 인생을 투자하기도 합니다. 복이 없는 일에는 관심이 없습니다. 다른 많은 글자가운데 '복'자 쓰기를 좋아합니다. 그래서 하나님의 선물을 복음이라고 합니다.

하나님은 우리의 형편을 잘 아십니다. 그러나 하나님은 우리로 하여금 하나님께 구하기를 원하십니다. 물질이나 건강일수도 있습니다. 그러나 중요한 것은 복이라는 것은 자신만이 누리는 것이 아닙니다. 복은 이웃과 함께 나누어야 합니다. 물질은 내가 수고해서 얻어진 것이라도 결코 내 것이 아닙니다. 물질의 주인은 하나님이십니다. 하나님의 것을 하나님이 기뻐하는데 사용하는 것이 바람직한 물질관입니다.

그리고 지경을 넓혀달라고 기도했습니다. 지경을 넓혀달라는 것은 복을 받은 자가 취하는 다음 단계를 말합니다. 지경을 넓힌다는 것은 땅의 확장을 의미하지만, 좀더 넓은 의미로는 현재의 위치에서 더 큰 비전을 말하는 것입니다. 그러므로 우리는 비전을 위해 기도해야 합니다. 그것이 '지경을 넓혀 달라는' 것입니다.

나아가서 그는 주의 손으로 도와달라고 기도했습니다. 이것은 하나님께 전적으로 의지하는 것을 말합니다. 사람들은 물질이나 권력이 있으면 하나님을 의지하기보다 자신을 의지합니다. 복음을 전해도 자신에게 부족함이 없다고 하는 사람일수록 복음을 거절합니다. 그런 사람도 병이나 어려움이 닥치면 하나님을 찾기도 합니다. 가난한 자도 하나님의 도우심이 필요하지만 부자나 건강한 사람도 하나님의 도우심이 필요합니다.

그리고 야베스는 "나로 환난을 벗어나 근심이 없게 하옵소서"라고 했습니다. 환난은 예고 없이 우리에게 다가옵니다. 그러나 주의 손이 함께 하시면 환난이 와도 피할 길을 주십니다.

우리는 하나님께 복에 복을 구할 수 있는 특권이 있습니다. 또한 지경을 넓혀달라는 기도를 드릴 수 있는 특권도 있습니다. 하나님께 구하면 하나님은 분명히 들어주십니다. 진정한 복은 복을 생산하는, 복에 복을 더하는 것이며 복의 지경을 넓히게 하는 것입니다.

더구나 우리는 내일 일을 알 수 없습니다. 오늘 행복해도 내일은 불행할 수 있습니다. 야베스의 기도는 오늘만을 위한 기도가 아니라 내일을 위한 기도였습니다. 여호와 하나님의 손이 우리를 지켜주시면 환난과 근심이 사라지고 하나님의 도우심을 받을 수 있습니다. 여호와 하나님께 기도하여 하나님의 손의 도우심을 받는 복된 성도가 되시기를 간절히 원합니다.

존 웨슬레의 기도

오 주여 !
우리의 발걸음을 당신에게 맞추어
평탄치 못한 세상 길에서 비틀거리지 않게 하소서.
오직 굳건히 영광의 집으로 가게 하시며,
우리의 여정이 부딪히는 날씨에 방해받지 않게 하시고,
무엇을 만나든지 그 길에 돌아서지 않게 하소서.
때때로 거친 바람이 불고,
우리의 육신이 무겁게 느껴지나이다.
당신의 구원의 손을 뻗치시어 속히 구원하소서.

오 주여 !
우리의 짧은 생애를 사랑 받는 집으로
돌아가는 순례자처럼 살도록 가르치소서.
그리하여 우리 여정이 목적을 성취하게 하시고,
세속에 안주하지 않게 도와주소서.

윌리앗 바클레이의 기도

오! 하나님,

오늘 하루 동안 나를 사랑하는 자들에게 걱정을 끼치고,
나를 믿는 자들을 실망시키며,
나를 고용한 고용주의 기대를 저 버리고,
나와 가까운 사람들의 마음에 상처주는 행동을
행하지 않게 도우시옵소서.

다른 사람을 시험에 빠지게 하거나
또한 잘못된 길로 쉽게 인도할 소지가 있는 것을
행하지 않는 하루가 되게 하옵소서.

자신의 최선을 다하고 있는 자들을 실망시킬 수 있는 것과,
다른 사람의 열심을 식게 하거나
남에게 의심을 불러 일으킬 만한 것을

행하지 않는 하루가 되게 하옵소서.

슬픈 자에게 위로가 되고,
외로운 자에게 친구가 되며,
낙심 가운데 있는 자에게 용기를 주고,
궁핍한 자에게 도움을 베푸는 하루가 되게 하옵소서.

그렇게 하므로 사람들이 내게서
나의 주인이시며 내가 항상 섬기기 원하는
당신의 거룩하심을 발견케 하옵소서.

이 모든 것을 당신의 사랑에 의지하여 기도드립니다.

-아멘-

바실레아 슐링크의 기도

주여, 제게
없는 사랑을, 사랑을 주옵소서
사랑하라고 불러주신 그 사랑을 주옵소서
뜨겁고 진실한 사랑을 주옵소서
이 사랑을 제게 주옵소서!
괴로움 주는 사람
더욱 사랑하도록
끝까지 사랑하는 사랑을 주옵소서
한결같이 온유하고 인자한 그 사랑,
악을 악으로 갚지 않는 바로 그 사랑,
이 사랑을 제게 내려 주옵소서!
같이 웃고 같이 울어 함께 계신 주님 사랑
저의 기도 들으사 내려주옵소서

주여,
뜨겁고 깊은 사랑 제 안에 없나이다
주님 형상 닮으라고 불러주신 제 안에
이 사랑을 풍성히 내려주옵소서.
주여, 나의 기도 나의 간구
들어주옵소서
주님의 사랑 참모습을
제 안에 새기소서
사랑이신 주님을 제 안에 이루사
사랑의 존재가 되게 하옵소서
이 사랑을 저에게 내려 주옵소서.

토마스 아 켐피스의 기도

오 주여, 내가 알아야 할 것을 알게 하시고
내가 사랑해야 할 것을 사랑하게 하시며
당신을 가장 기쁘게 하는 일을 찬양하게 하시고
당신이 보시기에 값진 것을
가치있게 생각하게 하시고
당신께 거슬리는 일을 미워하게 하소서

내 눈에 보이는 대로 판단하게 하지 마시고
무지한 인간의 귀에 들리는 대로
말하지 말게 하시고
눈에 보이는 영적인 것 사이에서 참된 판단을
분별있게 내리도록 하시며
무엇보다도 항상 당신의 뜻에 무엇이
정말로 즐거운 것인가를 묻게 하소서.

마틴 루터의 기도

오, 주 하나님
하늘의 아버지여!
참으로 저는 목회의 직분에 합당하지 못합니다.
당신의 영광을 알리고 당신의 백성들을 섬기고
양육하는 데 저는 부족합니다.
그러나 당신께서
이 백성들에게 가르침과 훈련이 필요하여
저를 목사와 교사로 지명하셨으니
내 도움이시여,
당신의 천사들로 나를 돕게 하소서.
만약 내 자신의 영광이나 사람의 칭찬을 위해서가 아닌
당신의 영광을 위해 나를 통해 무엇을 이루시기를 기뻐하시면
당신의 은혜와 자비로 당신의 말씀을 바로 이해하게 하시고
그것을 성실히 행할 수 있게 하시옵소서.

오! 주 예수 그리스도,
살아 계신 하나님의 아들이시여!
우리 영혼의 목자요 감독이시여!
당신의 성령을 보내사 나와 함께 일하게 하소서.
당신의 기쁘신 뜻을 위해서
당신의 거룩한 능력으로 참으로 그분이 내 안에서
생각하고 행하도록 하소서.

챨스 스펄전의 기도

오 여호와여!
저의 길이 아니라, 주의 길로 이끄소서.
그것이 아무리 캄캄하게 보인다고 해도,
주의 오른손으로 친히 나를 인도하시며,
저를 위해 길을 골라주소서.
그 길이 반반하든 거칠든간에,
그것은 최선의 길일 것입니다.
꾸불꾸불하거나 똑바른 것이 문제가 되지 않으며,
결국 그것은 주의 안식에로 인도합니다.
저는 감히 나 자신의 운명을 선택하지 않으오니,
설사 할 수 있다고 해도 그렇게 하지 않겠나이다.
오, 나의 하나님, 주께서 저를 위해 선택해 주소서.
그리하면 제가 곧바로 나아갈 것입니다.
주께서 나의 잔을 취하사,
거기다 기쁨이나 슬픔으로 채우소서.
주께서 보시기에 가장 좋은신 대로,
좋은 일이든 궂은 일이든 골라 주소서.

헤르만 헷세의 기도

하나님이시여 저를 절망케 하소서!
당신에 대한 절망이 아니라
나 자신에게 절망하게 하소서!
나로 모든 슬픔을 맛보게 하시고
온갖 고뇌의 불꽃을 지나가게 하소서!
온갖 모욕을 겪도록 해 주옵시고
내 스스로 지탱하는 것을 도와주지 마옵시고
내가 발전하는 것도 돕지 마옵소서!
그러나 나의 모든 자신이 허물어 진 뒤에
그때 나에게 가르쳐 주옵소서!
하나님이신 당신이 허물어뜨리셨다는 것을 깨닫게 하소서!
당신이 불꽃과 고뇌를 낳아 주셨음을
기꺼이 멸망하고 기꺼이 죽겠사오나
오직 당신의 품속에서만 죽을 수 있기 때문이로소이다.

칼빈의 기도

능력이 많으신 하나님!
당신의 말씀을 밝히 우리에게
보여 주신 것은
우리가 눈먼 가운데서 방황하지 않고
죄의 어두움을 좇지 않게 하심이며
우리의 마음이 죄악의
잠을 자지 않게 하심이니이다.
간절히 바라기는
우리가 깨어 있게 하시고
당신의 말씀으로 언제나
우리 자신을 채찍질하사
당신의 이름을 경외하며
우리 자신을 당신을 위한
희생으로 사용케 하옵소서.

주께서 영원히 내 안에
계셔서 다스리시되
우리 주 예수 그리스도를 통한
영원한 영광과 안식을
취할 때까지 하옵소서.

무디의 기도

주여!
당신이 원하는 대로
어떤 목적으로든 어떤 방법으로든
부디 저를 사용하시옵소서!
제 마음에는 아무 좋은 것이 없습니다.
빈 그릇입니다.
제 영혼은 죄로 인해 고통하고 있습니다.
당신의 사랑으로 살려주시고
강하게 해 주시옵소서.

제 마음을 집으로 삼으시고
제 입을 사용해 당신의 영광을
외치게 하시어,
저의 사랑과 힘을 다해
당신의 백성을 이끄는데
제 신앙의 힘이 다하지
않도록 도우소서.
언제나 예수는 내가 필요했고
나는 예수가 필요하다고
확신 있게 말하게 하시옵소서. 아멘

마젤란제로의 기도

나 가는 곳마다 주님을 만날 수 있게 하소서
아름다움의 불길 속에 내 혼에 있다 할지라도
주님의 가장 가까이에서 있게 하옵소서
오직 주와 함께 있을 때의 기쁨을 알게 하소서
주 여호와여,
나는 이 곤고함에서 주의 도우심을 구하옵니다.
이 순간 내 영혼이 피곤하나이다.
오직 새 힘과 은혜를 내리옵소서
내 의지를, 감각을, 용기를 내리옵소서.
내 영혼의 신령함을 주신 주님이시여
육신의 연약함과 실수를 없게 하옵시고
포로 같이 슬프게만 살지 않게 하시옵소서!
나는 어떻게 해야 자신을 지킬 수 있사오리까?
주님 없이는 나의 모든 선함도 실패가 되고 맙니다.
운명의 제단에 하나님 은총으로 나가려 하옵니다.

어머니의 기도

-캐리 마이어스-

아이들을 이해하고
아이들의 말을 끝까지 들어주고
묻는 말에 일일이 친절하게
대답해 주도록 도와주소서
면박을 주는 일이 없도록 도와주소서.
아이들이 우리에게 공손하게 대해주기를
바라는 것 같이
우리가 잘못을 저질렀다고 느꼈을 때
아이들에게 잘못을 말하고
용서를 빌 수 있는 용기를 주옵소서.
아이들이 저지른 잘못에 대해
비웃거나 창피를 주거나
놀리지 않게 하여 주옵소서.
우리들의 마음 속에 비열함을
없애주시고 아이들에게
잔소리를 하지 않게 하여 주옵소서.

안셀무스의 기도

자비하신 하나님 간절히 기도하옵나니
당신의 성령의 은사로 우리 마음을 채우소서
사랑과 기쁨과 평안과 오래 참음과 자비를
그리고 선함과 충성과 온유와 절제를 주소서.
우리를 미워하는 자를 사랑하고
우리를 멸시하는 자들을 위해 기도하도록 가르쳐 주소서.
그리하여 악한 자나 선한 자에게 똑같이 해를 비추시고
의로운 자나 불의한 자 모두에게 비를 내리시는
하나님의 자녀가 되게 하소서.
어려울 때는 인내하고
번영할 때는 겸손하고
우리의 입술을 삼가고
이 땅의 쾌락을 가볍게 보고
하늘의 것에 목마르게 하소서.

토마스 아 켐피스의 기도

오! 살아계심 주님
모든 피조물을 초월하여
능력과 위엄을 초월하여
지혜와 잔꾀를 초월하여
재물과 예술품을 초월하여
즐거움과 기쁨을 초월하여
명성과 칭송을 초월하여
안락과 위로를 초월하여
소망과 언약을 초월하여
얻는 것과 바라는 것을 초월하여
선물과 공덕을 초월하여
환희와 환락을 초월하여
오직 주님의 얼굴만을 구하게 하셔서
그 안에서 평화와 기쁨과 안식을 누리게 하소서

나의 하나님
결국에 나로 하여금
일월성신을 초월하고
눈에 보이는 것을 초월하고
눈에 보이지 않는 것을 초월하고
천사와 천사장을 초월하고
당신이 아닌 모든 것을 초월하게 하소서
왜냐하면 주님 당신은 모든 것을 초월하시기 때문입니다.

주님! 당신만이
홀로 가장 높고
홀로 가장 강력하고
홀로 가장 충분하고
홀로 가장 감미롭고
홀로 가장 나의 위안이 됩니다.
그러므로 주님 당신의 얼굴만 바라고 구하옵나이다.

시편23편 경상도 버전

여호와는 내 목잔기라
그라이 내사 마 답답할게 없데이
저 시퍼런 풀 구딩이에 내사 마 자빠져 자고
셔언-한 또랑가로 낼로 잡아 땡기신데이
우짜던지 정신차리고 올케 살아라 카심은
다 - 당신 체면때문이시라 카네
내 디질뻔한 골짜 구디의 껌껌한데서도
그 빽이 참말로 여간 아닌기라
주의 몽디이와 짝대기가 낼로 맨날 지키시고
내 라이벌 죽일놈의 문디 자슥들 앞에서
내 대가리에 지름을 바르고
낼로 팍팍 키와 주시니 내사 뭔 걱정이 있겄노 말이다
내 인생이 억수로 복잡타케싸도
저 양반이 맨날 지키줄틴께로
내사 마 우짜든지 그 옆에 딱 붙어가
때리 지기도 안 떠날꺼데이.........
아------멘!

시편23편 **전라도 버전**

"아따! 여호와가 시방 나의 목자신디
나가 부족함이 있겄냐?
그 분이 나를 저 푸러브른 초장으로 뉘어불고
내 삐친 다리 쪼매 쉬어불게 할라고
물가시로 인도해뿌네!(어째스까! 징한 거...)
내 영혼을 겁나게 끌어 땡겨불고 그 분의 이름을 위할라고
올바러브른 길가스로 인도해부네(아따 좋은그...)
나가 산꼬랑가 끔찍한 곳에 있어도 겁나불지 않은 것은
주의 몽뎅이랑 짝대기가 쪼매만한 일에도
나를 지켜준다 이거여!
아따! 주께서 저 싸가지 없는 놈들 앞에서
내게 밥상을 챙겨주시고 내 대그빡에 지름칠해 주싱께로
참말로 나가 기뻐블그마이...
내가 사는 동안 그 분의 착하심과 넓이브른 맴씨가
나를 징하게 따라당깅께-로
나가 어찌 그 분으 댁에서 묵고 자고 안하겠냐...(아따 좋은
그...)" 아------멘!

**응답받고 은혜받는
주일예배 대표 기도문**

초판1쇄 2016년 11월 30일

지은이_ 김광서

펴낸이_ 채주희

펴낸곳_ 엘맨출판사
　　　　서울특별시 마포구 신수동 448-6
　　　　TEL : 02-323-4060, 02-6401-7004
　　　　FAX : 02-323-6416
　　　　E-mail : elman1985@hanmail.net
　　　　www.elman.kr

출판등록 제 10호-1562(1985.10.29.)

값 12,000원　　ISBN 978-89-5515-582-2(03230)